PERSONNAGES.

AGAMEMNON.
ACHILLE.
ULYSSE.
CLITEMNESTRE, femme d'Agamemnon.
IPHIGÉNIE, fille d'Agamemnon.
ERIPHILE, fille d'Hélène et de Thésée.
ARCAS, } domestiques d'Agamemnon.
EURYBATE, }
ÆGINE, femme de la suite de Clitemnestre.
DORIS, confidente d'Eriphile.
Troupe de Gardes.

La Scène est en Aulide, dans la tente d'Agamemnon.

IPHIGÉNIE,

EN

AULIDE,

TRAGÉDIE,

EN CINQ ACTES ET EN VERS,

DE RACINE,

Représentée, pour la première fois, à Paris, sur le Théâtre Français, en 1674.

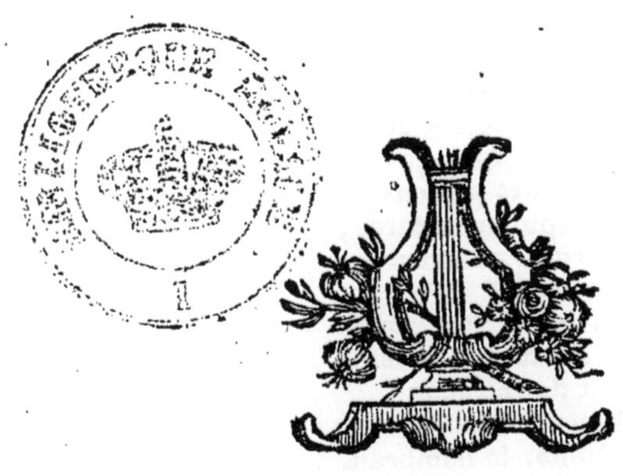

A PARIS,

Chez FAGES, Libraire, au Magasin de Pièces de Théâtre, boulevard Saint-Martin, N.° 29, vis-à-vis la rue de Lancry.

1814.

IPHIGÉNIE, EN AULIDE.

ACTE PREMIER.

SCÈNE PREMIÈRE.

AGAMEMNON, ARCAS.

AGAMEMNON.

Oui, c'est Agamemnon, c'est ton roi qui t'éveille.
Viens, reconnais la voix qui frappe ton oreille.

ARCAS.

C'est vous-même, seigneur! quel important besoin
Vous a fait devancer l'aurore de si loin?
A peine un faible jour vous éclaire et me guide;
Vos yeux seuls, et les miens, sont ouverts dans l'Aulide.
Avez-vous, dans les airs, entendu quelque bruit?
Les vents nous auraient-ils exaucés cette nuit?
Mais tout dort, et l'armée, et les vents, et Neptune.

AGAMEMNON.

Heureux qui satisfait de son humble fortune,
Libre du joug superbe où je suis attaché,
Vit dans l'état obscur où les dieux l'ont caché.

ARCAS.

Et depuis quand, seigneur, tenez vous ce langage?
Comblé de tant d'honneurs, par quel secret outrage
Les dieux, à vos desirs toujours si complaisans,
Vous font-ils méconnaître et haïr leurs présens.
Roi, père, époux heureux, fils du puissant Atrée,
Vous possédez des Grecs la plus riche contrée.
Du sang de Jupiter issu de tous côtés,
L'hymen vous lie encor aux dieux dont vous sortez.
Le jeune Achille, enfin, vanté par tant d'oracles,
Achille, à qui le ciel promet tant de miracles,
Recherche votre fille, et d'un hymen si beau,
Veut, dans Troye embrasée, allumer le flambeau.
Quelle gloire, seigneur, quels triomphes égalent!
Le spectacle pompeux que ces bords vous étalent
Tous ces mille vaisseaux, qui, chargés de vingt rois,
N'attendent que les vents pour partir sous vos lois.
Ce long calme, il est vrai, retarde vos conquêtes;
Ces vents depuis trois mois enchaînés sur nos têtes,
D'Ilion trop long-temps vous ferment le chemin;
Mais, parmi tant d'honneurs, vous êtes homme enfin.
Tandis que vous vivrez, le sort qui toujours change,
Ne vous a point promis un bonheur sans mélange.
Bientôt... Mais quels malheurs dans ce billet tracés,
Vous arrachent, seigneur les pleurs que vous versez?
Votre Oreste, au berceau, va-t-il finir sa vie?

Pleurez-vous Clitemnestre, ou bien Iphigénie ?
Qu'est-ce qu'on vous écrit ? Daignez m'en avertir.

AGAMEMNON.

Non, tu ne mourras point ! je n'y puis consentir.

ARCAS.

Seigneur...

AGAMEMNON.

Tu vois mon trouble. Apprends ce qui le cause.
Et juge s'il est temps, ami, que je repose.
Tu te souviens du jour, qu'en Aulide assemblés,
Nos vaisseaux, par les vents semblaient être appelés.
Nous partions. Et déjà, par mille cris de joie,
Nous menacions, de loin, les rivages de Troye.
Un prodige étonnant fit taire ce transport.
Le vent qui nous flattait nous laissa dans le port.
Il fallut s'arrêter et la rame inutile,
Fatigua vainement une mer immobile.
Ce miracle inoui me fit tourner les yeux
Vers la divinité qu'on adore en ces lieux.
Suivi de Ménélas, de Nestor et d'Ulysse,
J'offris sur ses autels, un secret sacrifice.
Quelle fut sa réponse ! Et que devins-je, Arcas,
Quand j'entendis ces mots, prononcés par Calchas !
» Vous armez, contre Troye, une puissance vaine,
» Si dans un sacrifice auguste et solemnel,
» Une fille du sang d'Hélène,
» De Diane en ces lieux n'ensenglante l'autel.
» Pour obtenir les vents que le ciel vous dénie,
» Sacrifiez Iphigénie. »

ARCAS.

Votre fille ?

AGAMEMNON.

Surpris comme tu peux penser,
Je sentis, dans mon corps tout mon sang se glacer;
Je demeurai sans voix, et n'en repris l'usage,
Que par mille sanglots, qui se firent passage.
Je condamnai les dieux, et sans plus rien ouir,
Fis vœux sur leurs autels de leur désobéir.
Que n'en croyai-je alors ma tendresse alarmée !
Je voulais, sur-le-champ, congédier l'armée.
Ulysse, en apparence, approuvant mes discours,
De ce premier torrent laissa passer le cours.
Mais bientôt rappelant sa cruelle industrie,
Il me représenta l'honneur et la patrie,
Tout ce peuple, ces rois à mes ordres soumis,
Et l'Empire d'Asie, à la Grèce promis :
De quel front immolant tout l'état à ma fille,
Roi sans gloire, j'irais vieillir dans ma famille.
Moi-même (je l'avoue avec quelque pudeur)
Charmé de mon pouvoir et plein de ma grandeur,
Ces noms de roi des rois et de chef de la Grèce,

Chatouillaient, de mon cœur l'orgueilleuse faiblesse.
Pour comble de malheurs, les dieux, toutes les nuits
Dès qu'un leger sommeil suspendait mes ennuis,
Vengeant, de leurs autels, le sanglant privilège,
Me venaient reprocher ma pitié sacrilège,
Et présentant la foudre à mon esprit confus,
Le bras déjà levé menaçaient mes refus;
Je me rendis, Arcas, et vaincu par Ulysse
De ma fille en pleurant j'ordonnai le supplice.
Mais des bras d'une mère, il fallait l'arracher.
Quel funeste artifice il me fallut chercher!
D'Achille qui l'aimait j'empruntais le langage;
J'écrivis en Argos, pour hâter ce voyage,
Que ce guerrier pressé de partir avec nous,
Voulait revoir ma fille et partir son époux.

ARCAS.

Et ne craignez vous point l'impatient Achille?
Avez-vous prétendu que, muet et tranquille,
Ce héros, qu'armera l'amour et la raison,
Vous laisse, par ce meurtre, abuser de son nom?
Verra-t-il, à ses yeux son amante immolée?

AGAMEMNON.

Achille était absent. Et son père Pelée,
D'un voisin ennemi, redoutant les efforts,
L'avait, tu t'en souviens, rappelé de ces bords.
Et cette guerre, Arcas, selon toute apparence,
Aurait dû plus long-temps prolonger son absence.
Mais qui peut, dans sa course, arrêter ce torrent?
Achille va combattre, et triomphe en courant.
Et ce vainqueur, suivant de près sa renommée,
Hier, avec la nuit arriva dans l'armée.
Mais des nœuds plus puisssans me retiennent le bras:
Ma fille qui s'approche, et court à son trépas,
Qui loin de soupçonner un arrêt si sévère,
Peut-être s'applaudit des bontés de son père,
Ma fille. Ce nom seul, dont les droits sont si saints;
Sa jeunesse, mon sang. n'est pas ce que je plains.
Je plains mille vertus, une amour mutuelle;
Sa piété pour moi ma tendrese pour elle;
Un respect, qu'en son cœur rien ne peut balancer,
Et que j'avais promis de mieux récompenser.
Non, je ne croirai point, ô ciel! que ta justice
Approuve la fureur de ce noir sacrifice.
Tes oracles sans doute ont voulu m'éprouver,
Et tu me punirais si j'osais l'achever.
Arcas, je t'ai choisi pour cette confidence.
Il faut montrer ici ton zèle et ta prudence.
La reine qui dans Sparte avait connu ta foi,
T'a placé dans le rang que tu tiens près de moi.
Prends cette lettre: cours au devant de la reine,

Et suis, sans t'arrêter, le chemin de Mycène.
Dès que tu la verras, défends-lui d'avancer,
Et rends-lui ce billet, que je viens de tracer.
Mais ne t'écarte point. Prends un fidèle guide.
Si ma fille une fois met le pied dans l'Aulide,
Elle est morte. Calchas, qui l'attend en ces lieux,
Fera taire nos pleurs, fera parler les dieux,
Et la religion, contre nous irritée,
Par les timides Grecs sera seule écoutée.
Ceux-mêmes dont ma gloire aigrit l'ambition,
Reveilleront leur brigue et leur prétention,
M'arracheront peut-être un pouvoir qui les blesse...
Va, dis-je, sauve-la de ma propre faiblesse.
Mais surtout ne vas point, par un zèle indiscret,
Découvrir à ses yeux mon funeste secret.
Que, s'il se peut, ma fille à jamais abusée,
Ignore à quel péril je l'avais exposée.
D'une mère en fureur épargne-moi les cris,
Et que ta voix s'accorde avec ce que j'écris.
Pour renvoyer la fille et la mère offensée,
Je leur écris qu'Achille a changé de pensée,
Et qu'il veut désormais, jusques à son retour,
Différer cet hymen, que pressait son amour.
Ajoute, tu le peux, que des froideurs d'Achille
On accuse en secret, cette jeune Eriphile,
Que lui-même captive amena de Lesbos,
Et qu'auprès de ma fille on garde dans Argos.
C'est leur en dire assez. Le reste, il faut le taire.
Déjà le jour plus grand nous frappe et nous éclaire,
Déjà même l'on entre, et j'entends quelque bruit.
C'est Achille. Va, pars. Dieux ! Ulysse le suit.

SCÈNE II.

AGAMEMNON, ACHILLE, ULYSSE.

AGAMEMNON.

Quoi ! seigneur, se peut-il que d'un cours si rapide,
La victoire vous ait ramené dans l'Aulide ?
D'un courage naissant, sont-ce-là les essais ?
Quels triomphes suivront de si nobles succès !
La Thessalie entière, ou vaincue, ou calmée,
Lesbos même conquise en attendant l'armée,
De toute autre valeur éternels monumens,
Ne sont, d'Achille oisif, que les amusemens.

ACHILLE.

Seigneur, honorez moins une faible conquête ;
Et que puisse bientôt le ciel qui nous arrête,

Ouvrir un champ plus noble à ce cœur excité
Par le prix glorieux dont vous l'avez flatté.
Mais cependant, seigneur, que faut-il que je croie
D'un bruit qui me surprend, et me comble de joie?
Daignez-vous avancer le succès de mes vœux,
Et bientôt des mortels suis-je le plus heureux?
On dit qu'Iphigénie, en ces lieux amenée
Doit bientôt à son sort unir ma destinée.

AGAMEMNON.

Ma fille! qui vous dit qu'on la doit amener?

ACHILLE.

Seigneur, qu'a donc ce bruit qui vous doive étonner?

AGAMEMNON, *à Ulysse.*

Juste ciel! saurait-il mon funeste artifice!

ULYSSE.

Seigneur, Agamemnon s'étonne avec justice.
Songez-vous aux malheurs qui nous menacent tous?
O ciel! pour un hymen quel temps choisissez-vous?
Tandis qu'à nos vaisseaux la mer toujours fermée,
Trouble toute la Grèce et consume l'armée;
Tandis que pour fléchir l'inclémence des dieux,
Il faut du sang peut-être, et du plus précieux;
Achille seul, Achille, à son amour s'applique!
Voudrait-il insulter à la crainte publique?
Et que le chef des Grecs, irritant les destins,
Préparât d'un hymen la pompe et les festins?
Ah! seigneur! est-ce ainsi que votre âme attendrie,
Plaint le malheur des Grecs, et chérit la patrie.

ACHILLE.

Dans les champs Phyrigiens les effets feront foi,
Qui la chérit le plus ou d'Ulysse ou de moi;
Jusques-là je vous laisse étaler votre zèle.
Vous pouvez à loisir faire des vœux pour elle.
Remplissez les autels d'offrandes et de sang.
Des victimes, vous-même, interrogez le flanc;
Du silence des vents, demandez-leur la cause.
Mais moi, qui de ce soin sur Calchas me repose,
Souffrez, seigneur, souffrez que je coure hâter
Un hymen dont les dieux ne sauraient s'irriter;
Transporté d'une ardeur qui ne peut être oisive,
Je rejoindrai bientôt les Grecs sur cette rive.
J'aurais trop de regret si quelque autre guerrier,
Au rivage Troyen descendait le premier.

AGAMEMNON.

O ciel! pourquoi faut il que ta secrette envie
Ferme à de tels héros le chemin de l'Asie?
N'aurai-je vu briller cette noble chaleur,
Que pour m'en retourner avec plus de douleur?

ULYSSE.

Dieux! Qu'est-ce que j'entends?

ACHILLE.

Seigneur, qu'osez vous dire?

AGAMEMNON.

Qu'il faut, prince, qu'il faut que chacun se retire.
Que d'un crédule espoir, trop long-tems abusés,
Nous attendons les vents qui nous sont refusés.
Le ciel protège Troye. Et, par trop de présages,
Son courroux nous défend d'en chercher les passages.

ACHILLE.

Quels présages affreux vous marquent son courroux ?

AGAMEMNON.

Vous-même consultez ce qu'il prédit de vous.
Que sert de se flatter? On sait qu'à votre tête
Les dieux ont d'Ilion attaché la conquête.
Mais on sait que, pour prix d'un triomphe si beau,
Ils ont aux champs troyens marqué votre tombeau;
Que votre vie ailleurs et longue et fortunée,
Devant Troye, en sa fleur, doit être moissonnée.

ACHILLE.

Ainsi, pour vous venger, tant de rois assemblés
D'un opprobre éternel retourneront comblés,
Et Pâris, couronnant son insolente flamme,
Retiendra, sans péril, la sœur de votre femme !

AGAMEMNON.

Hé quoi! votre valeur qui nous a dévancés,
N'a-t-elle pas pris soin de nous venger assez ?
Les malheurs de Lesbos par vos mains ravagée,
Epouvantent encor toute la mer Egée.
Troye en a vu la flamme. Et jusques dans ses ports,
Les flots en ont poussé les débris et les morts.
Que dis-je ? Les Troyens pleurent une autre Hélène.
Que vous avez, captive, envoyé à Mycène :
Car je n'en doute point cette jeune beauté
Garde en vain un secret que trahit sa fierté;
Et son silence même, accusant sa noblesse,
Nous dit qu'elle nous cache une illustre princesse.

ACHILLE.

Non, non; tous ces détours sont trop ingénieux;
Vous lisez de trop loin dans les secrets des dieux.
Moi, je m'arrêterais à de vaines menaces!
Et je fuirais l'honneur qui m'attend sur vos traces!
Les parques à ma mère, il est vrai, l'ont prédit,
Lorsqu'un époux mortel fut reçu dans son lit.
Je puis choisir, dit-on, ou beaucoup d'ans sans gloire;
Ou peu de jours suivis d'une longue mémoire.
Mais puisqu'il faut enfin que j'arrive au tombeau,
Voudrai-je de la terre, inutile fardeau,
Trop avare d'un sang reçu d'une déesse,
Attendre, chez mon père, une obscure viellesse;
Et toujours de la gloire évitant le sentier,
Ne laisser aucun nom et mourir tout entier ?
Ah! ne nous formons point ces indignes obstacles.
L'honneur parle, il suffit; ce sont-là nos oracles.

Les dieux sont de nos jours les maîtres souverains :
Mais, seigneur, notre gloire est dans nos propres mains.
Pourquoi nous tourmenter de leurs ordres suprêmes ?
Ne songeons qu'à nous rendre immortels comme eux-mêmes.
Et laissant faire au sort, courons où la valeur
Nous promet un destin aussi grand que le leur.
C'est à Troye, et j'y cours. Et quoiqu'on me prédise,
Je ne demande aux dieux qu'un vent qui m'y conduise.
Et quand moi seul enfin il faudrait l'assiéger,
Patrocle et moi, seigneur, nous irons vous venger.
Mais non; c'est en vos mains que le destin la livre.
Je n'aspire en effet qu'à l'honneur de vous suivre.
Je ne vous presse plus d'approuver les transports
D'un amour qui m'allait éloigner de ces bords :
Ce même amour, soigneux de votre renommée,
Veut qu'ici mon exemple encourage l'armée,
Et me défend surtout de vous abandonner.
Aux timides Conseils qu'on ose vous donner.

SCÈNE III.

AGAMEMNON, ULYSSE.

ULYSSE.

Seigneur, vous entendez. Quelque prix qu'il en coûte,
Il veut voler à Troye, et poursuivre sa route.
Nous craignons son amour ; et lui-même aujourd'hui,
Par une heureuse erreur, nous arme contre lui.

AGAMEMNON.

Hélas !

ULYSSE.

De ce soupir, que faut-il que j'augure ?
Du sang qui se révolte, est-ce quelque murmure ?
Croirais-je qu'une nuit a pu vous ébranler ?
Est-ce donc votre cœur qui vient de nous parler ?
Songez-y. Vous devez votre fille à la Grèce,
Vous nous l'avez promis. Et sur cette promesse,
Calchas, par tous les Grecs consulté chaque jour,
Leur a prédit des vents l'infaillible retour.
A ces prédictions si l'effet est contraire,
Pensez vous que Calchas continue à se taire ?
Que ses plaintes, qu'en vain vous voudrez appaiser,
Laissent mentir les dieux, sans vous en accuser ?
Et qui sait ce qu'aux Grecs, frustrés de leur victime,
Peut permettre un courroux qu'ils croiront légitime ?
Gardez-vous de réduire un peuple furieux,
Seigneur, à prononcer entre vous et les dieux.
N'est-ce pas vous, enfin, de qui la voix pressante,
Nous as tous appelés aux campagne du Xante ?
Et qui de ville, en ville, attestiez les sermens,
Que d'Hélène autrefois firent tous les amans,
Quand presque tous les Grecs, rivaux de votre frère,

La demandaient en foule à Tyndare, son père?
De quelque heureux époux que l'on dût faire choix,
Nous jurâmes dès-lors de défendre ses droits;
Et si quelque insolent lui volait sa conquête,
Nos mains, du ravisseur, lui promirent la tête.
Mais sans vous, ce serment que l'amour a dicté,
Libres de cet amour, l'aurions nous respecté?
Vous seul, nous arrachant à de nouvelles flammes,
Nous avez fait laisser nos enfans et nos femmes.
Et quand de toutes parts, assemblés en ces lieux,
L'honneur de vous venger brille seul à nos yeux;
Quand la Grèce déjà, vous donnant son suffrage,
Vous reconnaît l'auteur de ce fameux ouvrage;
Que ses rois, qui pouvaient vous disputer ce rang,
Sont prêts pour vous servir de verser tout leur sang.
Le seul Agamemnon, refusant la victoire,
N'ose d'un peu de sang acheter tant de gloire,
Et dès le premier pas, se laissant effrayer,
Ne commande les Grecs, que pour les renvoyer.

AGAMEMNON.

Ah! seigneur, qu'éloigné du malheur qui m'opprime,
Votre cœur aisément se montre magnanime!
Mais que, si vous voyiez ceint d'un bandeau mortel,
Votre fils Télémaque approcher de l'autel,
Nous vous verrions, troublé de cette affreuse image,
Changer bientôt en pleurs ce superbe langage,
Eprouver la douleur que j'éprouve aujourd'hui,
Et courir vous jeter entre Calchas et lui!
Seigneur, vous le savez, j'ai donné ma parole,
Et si ma fille vient, je consens qu'on l'immole.
Mais, malgré tous mes soins, si son heureux destin
La retient dans Argos, ou l'arrête en chemin,
Souffrez que, sans presser ce barbare spectacle,
En faveur de mon rang j'explique cet obstacle;
Que j'ose pour ma fille, accepter le secours
De quelque dieu plus doux qui veille sur ses jours.
Vos conseils sur mon cœur n'ont eu que trop d'empire;
Et je rougis...

SCENE IV.

AGAMEMNON, ULYSSE, EURYBATE.

EURYBATE.

Seigneur...

AGAMEMNON.

Ah! que vient-on me dire?

EURYBATE.

La reine, dont ma course a devancé les pas,
Va remettre bientôt sa fille entre vos bras.
Elle approche. Elle s'est quelque tems égarée

Dans ces bois, qui du camp semblent cacher l'entrée:
A peine nous avons, dans leur obscurité,
Retrouvé le chemin que nous avions quitté.

AGAMEMNON.

Ciel!

EURYBATE.

Elle amène aussi cette jeune Eriphile,
Que Lesbos a livrée entre les mains d'Achille,
Et qui de son destin, qu'elle ne connaît pas,
Vient, dit-elle, en Aulide interroger Calchas.
Déjà de leur abord la nouvelle est semée,
Et déjà de soldats, une foule charmée,
Sur-tout d'Iphigénie, admirant la beauté,
Pousse au ciel mille vœux pour sa félicité.
Les uns avec respect environnaient la reine;
D'autres me demandaient le sujet qui l'amène;
Mais tous ils confessaient que si jamais les dieux
Ne mirent sur le trône un roi plus glorieux,
Egalement comblé de leurs faveurs secrettes,
Jamais père ne fut plus heureux que vous l'êtes.

AGAMEMNON.

Eurybate, il suffit. Vous pouvez nous laisser,
Le reste me regarde, et je vais y penser.

SCÈNE V.

AGAMEMNON, ULYSSE.

AGAMEMNON.

Juste ciel! c'est ainsi qu'assurant ta vengeance,
Tu romps tous les ressorts de ma vaine prudence!
Encor si je pouvais, libre dans mon malheur,
Par des larmes au moins soulager ma douleur!
Triste destin des rois, esclaves que nous sommes,
Et des rigueurs du sort et des discours des hommes,
Nous nous voyons sans cesse assiégés de témoins;
Et les plus malheureux osent pleurer le moins.

ULYSSE.

Je suis père, seigneur, et faible comme un autre.
Mon cœur se met sans peine en la place du vôtre;
Et frémissant du coup qui vous fait soupirer,
Loin de blâmer vos pleurs je suis prêt de pleurer.
Mais votre amour n'a plus d'excuse légitime.
Les dieux ont à Calchas amené leur victime;
Il le sait, il l'attend. Et s'il la voit tarder,
Lui-même, à haute voix, viendra la demander.
Nous sommes seuls encor. Hâtez-vous de répandre
Des pleurs que vous arrache un intérêt si tendre.
Pleurez ce sang, pleurez. Ou plutôt sans pâlir,
Considérez l'honneur qui doit en rejaillir.
Voyez tout l'Hellespont, blanchissant sous nos rames,

Et la perfide Troye, abandonnée aux flammes,
Ses peuples dans vos fers, Priam à vos genoux,
Hélène, par vos mains rendue à son époux;
Voyez de vos vaisseaux les poupes couronnées,
Dans cette même Aulide avec vous retournées,
Et ce triomphe heureux qui s'en va devenir
L'éternel entretien des siècles à venir.

AGAMEMNON.

Seigneur, de mes efforts je connais l'impuissance,
Je cède, et laisse aux dieux opprimer l'innocence.
La victime, bientôt, marchera sur vos pas;
Allez; mais cependant faites taire Calchas,
Et m'aidant à cacher ce funeste mystère,
Laissez moi de l'autel écarter une mère.

Fin du premier Acte.

ACTE II.

SCÈNE PREMIÈRE.

ERIPHILE, DORIS.

ERIPHILE.

Ne les contraignons point, Doris, retirons-nous;
Laissons-les dans les bras d'un père et d'un époux.
Et tandis qu'à l'envi leur amour se déploie,
Mettons en liberté ma tristesse et leur joie.

DORIS.

Quoi! madame, toujours irritant vos douleurs,
Croyez-vous ne plus voir que des sujets de pleurs?
Je sais que tout déplait aux yeux d'une captive;
Qu'il n'est point, dans les fers, de plaisirs qui la suive.
Mais, dans le temps fatal que, repassant les flots,
Nous suivons, malgré nous, le vainqueur de Lesbos;
Lorsque, dans son vaisseau, prisonnière timide,
Vous voyez devant vous ce vainqueur homicide;
Le dirai-je? vos yeux, de larmes moins trempés,
A pleurer vos malheurs, étaient moins occupés.
Maintenant tout vous rit. L'aimable Iphigénie,
D'une amitié sincère avec vous est unie.
Elle vous plaint, vous voit avec des yeux de sœur,
Et vous seriez dans Troye, avec moins de douceur.
Vous vouliez voir l'Aulide, où son père l'appelle;
Et l'Aulide vous voit arriver avec elle.
Cependant, par un sort que je ne conçois pas,
Votre douleur redouble et croît à chaque pas.

ERIPHILE.

Hé quoi! te semble-t-il que la triste Eriphile
Doive être, de leur joie, un témoin si tranquille?
Crois-tu que mes chagrins doivent s'évanouir

A l'aspect d'un bonheur, dont je ne puis jouir?
Je vois Iphigénie entre les bras d'un père.
Elle fait tout l'orgueil d'une superbe mère.
Et moi, toujours en butte à de nouveaux dangers,
Remise dès l'enfance en des bras étrangers,
Je reçus et je vois le jour que je respire,
Sans que mère ni père ait daigné me sourire.
J'ignore qui je suis et pour comble d'horreur,
Un oracle effrayant m'attache à mon erreur;
Et quand je veux chercher le sang qui m'a fait naître,
Me dit, que sans périr, je ne puis le connaître.

DORIS.

Non, non; jusques au bout vous devez le chercher.
Un oracle toujours se plaît à se cacher.
Toujours avec un sens il en présente un autre.
En perdant un faux nom vous reprendrez le vôtre.
C'est-là tout le danger que vous pouvez courir,
Et c'est peut-être ainsi que vous devez périr.
Songez que votre nom fût changé dès l'enfance.

ERIPHILE.

Je n'ai de tout mon sort que cette connaissance.
Et ton père du reste infortuné témoin,
Ne me permit jamais de pénétrer plus loin.
Hélas! dans cette Troye où j'étais attendue,
Ma gloire, disait-il, m'allait être rendue;
J'allais, en reprenant et mon nom et mon rang,
Des plus grands rois en moi reconnaître le sang.
Déjà je découvrais cette fameuse ville;
Le ciel mène à Lesbos l'impitoyable Achille.
Tout cède, tout ressent ses funestes efforts.
Ton père enseveli dans la foule des morts,
Me laisse dans les fers à moi-même inconnue;
Et de tant de grandeurs dont j'étais prévenue,
Vile esclave des Grecs, je n'ai pu conserver
Que la fierté d'un sang que je ne puis prouver.

DORIS.

Ah! que perdant, Madame, un témoin si fidèle,
La main qui vous l'ôta vous doit sembler cruelle!
Mais Calchas est ici. Calchas si renommé,
Qui des secrets des dieux fut toujours informé:
Le ciel souvent lui parle. Instruit par un tel maître,
Il sait tout ce qui fut, et tout ce qui doit être.
Pourrait-il de vos jours ignorer les auteurs?
Ce camp même est pour vous tout plein de protecteurs.
Bientôt Iphigénie, en épousant Achille,
Vous va, sous son appui, présenter un asile.
Elle vous l'a promis, et juré devant moi;
Ce gage est le premier qu'elle attend de sa foi.

ERIPHILE.

Que dirais-tu, Doris, si passant tout le reste,
Cet hymen de mes maux était le plus funeste?

DORIS.

Quoi ! madame ?

ERIPHILE.

Tu vois avec étonnement,
Que ma douleur ne souffre aucun soulagement.
Ecoute; et tu vas t'étonner que je vive.
C'est peu d'être étrangère, inconnue et captive:
Ce destructeur fatal des tristes Lesbiens,
Cet Achille, auteur de tes maux et des miens,
Dont la sanglante main m'enleva prisonnière;
Qui m'arracha, d'un coup, ma naissance et ton père,
De qui, jusques au nom, tout doit m'être odieux,
Est de tous les mortels le plus cher à mes yeux.

DORIS.

Ah ! que me dites-vous ?

ERIPHILE.

Je me flattais sans cesse
Qu'un silence éternel cacherait ma faiblesse:
Mais mon cœur trop pressé m'arrache ce discours,
Et te parle une fois pour se taire toujours.
Ne me demande point sur quel espoir fondée,
De ce fatal amour je me vis possédée.
Je n'en accuse point quelques feintes douleurs,
Dont je crus voir Achille honorer mes malheurs.
Le ciel s'est fait sans doute une joie inhumaine,
A rassembler sur moi tous les traits de sa haine.
Rappellerai-je encor le souvenir affreux,
Du jour qui dans les fers nous jeta toutes deux ?
Dans les cruelles mains, par qui je fus ravie,
Je demeurai long-temps sans lumière et sans vie.
Enfin, mes faibles yeux cherchèrent la clarté;
Et me voyant pressé d'un bras ensanglanté,
Je frémissais, Doris, et d'un vainqueur sauvage
Craignais de rencontrer l'effroyable visage.
J'entrai dans son vaisseau, détestant sa fureur,
Et toujours détournant ma vue avec horreur.
Je le vis. Son aspect n'avait rien de farouche.
Je sentis le reproche expirer dans ma bouche.
Je sentis contre moi mon cœur se déclarer;
J'oubliai ma colère, et ne sus que pleurer;
Je me laissai conduire à cet aimable guide:
Je l'aimais à Lesbos, et je l'aime en Aulide.
Iphigénie, en vain, s'offre à me protéger,
Et me tend une main prompte à me soulager:
Triste effet des fureurs dont je suis tourmentée !
Je n'accepte la main qu'elle m'a présentée,
Que pour m'armer contre elle, et sans me découvrir,
Traverser son bonheur, que je ne puis souffrir.

DORIS.

Et que pourrait contre elle une impuissante haine ?
Ne valait-il pas mieux, renfermée à Mycène,

Eviter les tourmens que vous venez chercher,
Et combattre des feux contraints de se cacher?

ERIPHILE.

Je le voulais, Doris. Mais quelque triste image
Que sa gloire à mes yeux montra sur ce rivage;
Au sort qui m'entraînait il fallut consentir.
Une secrette voix m'ordonna de partir,
Me dit qu'offrant ici ma présence importune,
Peut-être j'y pourrais porter mon infortune;
Que peut-être approchant ces amans trop heureux,
Quelqu'un de mes malheurs se répandrait sur eux:
Voilà ce qui m'amène, et non l'impatience
D'apprendre à qui je dois une triste naissance.
Ou plutôt leur hymen me servira de loi.
S'il s'achève, il suffit, tout est fini pour moi.
Je périrai, Doris, et par une mort prompte,
Dans la nuit du tombeau j'enfermerai ma honte,
Sans chercher des parens si long-temps ignorés,
Et que ma folle amour a trop déshonorés.

DORIS

Que je vous plains, madame! Et que la tyrannie...

ERIPHILE.

Tu vois Agamemnon avec Iphigénie.

SCENE II.

AGAMEMNON, IPHIGÉNIE, ERIPHILE, DORIS.

IPHIGÉNIE.

Seigneur, où courez-vous? Et quels emportemens
Vous dérobent si tôt à nos embrassemens?
A qui dois-je imputer cette fuite soudaine?
Mon respect a fait place aux transports de la reine.
Un moment, à mon tour, ne vous puis-je arrêter?
Et ma joie, à vos yeux, n'ose-t-elle éclater?
Ne puis-je...

AGAMEMNON.

Hé bien, ma fille, embrassez votre père.
Il vous aime toujours.

IPHIGÉNIE.

Que cette amour m'est chère!
Quel plaisir de vous voir et de vous contempler,
Dans ce nouvel éclat dont je vous vois briller!
Quels honneurs! quels pouvoirs!.... Déjà la renommée,
Par d'étonnans récits m'en avait informée.
Mais que, voyant de près ce spectacle charmant,
Je sens croître ma joie et mon étonnement!
Dieux! avec quel amour la Grèce vous révère!
Quel bonheur de me voir la fille d'un tel père!

AGAMEMNON.

Vous méritez, ma fille, un père plus heureux.

IPHIGENIE.

Quelle félicité peut manquer à vos vœux ?
A de plus grands honneurs, un roi peut-il prétendre ?
J'ai cru n'avoir au ciel, que des grâces à rendre.

AGAMEMNON.

Grands dieux ! à son malheur dois-je la préparer ?

IPHIGÉNIE.

Vous vous cachez, seigneur, et semblez soupirer ;
Tous vos regards, sur moi, ne tombent qu'avec peine.
Avons-nous, sans votre ordre, abandonné Mycène ?

AGAMEMNON.

Ma fille ! je vous vois toujours des mêmes yeux ;
Mais les temps sont changés, aussi bien que les lieux.
D'un soin cruel ma joie est ici combattue.

IPHIGÉNIE.

Hé ! mon père, oubliez votre rang à ma vue.
Je prévois la rigueur d'un long éloignement.
N'osez-vous, sans rougir, être père un moment ?
Vous n'avez devant vous, qu'une jeune princesse,
A qui j'avais, pour moi, vanté votre tendresse.
Cent fois, lui promettant mes soins, votre bonté,
J'ai fait gloire à ses yeux de ma félicité.
Que va-t-elle penser de votre indifférence ?
Ai-je flatté ses vœux d'une fausse espérance ?
N'éclaircirez-vous point ce front chargé d'ennuis ?

AGAMEMNON.

Ah ! ma fille !

IPHIGÉNIE.

Seigneur, poursuivez.

AGAMEMNON.

Je ne puis.

IPHIGÉNIE.

Périsse le troyen auteur de nos alarmes !

AGAMEMNON.

Sa perte, à ses vainqueurs, coûtera bien des larmes.

IPHIGÉNIE.

Les dieux daignent surtout prendre soin de vos jours.

AGAMEMNON.

Les dieux depuis long-temps me sont cruels et sourds !

IPHIGÉNIE.

Calchas, dit-on, prépare un pompeux sacrifice.

AGAMEMNON.

Puissai-je, auparavant, fléchir leur injustice !

IPHIGENIE.

L'offrira-t-on ?

AGAMEMNON.

Plus tôt que je ne veux.

IPHIGENIE.

Me sera t-il permis de me joindre à vos vœux.
Verra-t-on à l'autel votre heureuse famille ?

AGAMEMNON.

Hélas ?

IPHIGENIE.

Vous vous taisez ?

AGAMEMNON.

Vous y serez, ma fille.

Adieu.

SCÈNE III.

IPHIGENIE, ERIPHILE, DORIS.

IPHIGENIE.

De cet accueil que dois-je soupçonner ?
D'une secrète horreur je me sens frissonner.
Je crains, malgré moi-même, un malheur que j'ignore.
Justes dieux ! vous savez pour qui je vous implore.

ERIPHILE.

Quoi ! parmi tous les soins qui doivent l'accabler,
Quelque froideur suffit pour vous faire trembler ?
Hélas ! à quels soupirs suis-je donc condamnée
Moi, qui de mes parens toujours abandonnée,
Etrangère par-tout, n'ai pas même en naissant,
Peut-être reçu d'eux un regard caressant ?
Du moins, si vos respects sont rejetés d'un père,
Vous en pouvez gémir dans le sein d'une mère.
Et de quelque disgrâce, enfin, que vous pleuriez,
Quels pleurs, par un amant, ne sont point essuyés.

IPHIGENIE.

Je ne m'en défends point. Mes pleurs, belle Eriphile,
Ne tiendront pas long-temps contre les soins d'Achille.
Sa gloire, son amour, mon père, mon devoir,
Lui donnent sur mon âme un trop juste pouvoir.
Mais de lui-même, ici, que faut-il que je pense ?
Cet amant, pour me voir, brûlant d'impatience,
Que les Grecs, de ces bords ne pouvaient arracher,
Qu'un père, de si loin, m'ordonne de chercher,
S'empresse-t-il assez pour jouir d'une vue,
Qu'avec tant de transports je croyais attendue ?
Pour moi, depuis deux jours, qu'approchant de ces lieux,
Leur aspect souhaité se découvre à nos yeux ;
Je l'attendais par-tout, et d'un regard timide,
Sans cesse, parcourant les chemins de l'Aulide,
Mon cœur, pour le chercher, volait loin devant moi,
Et je demande Achille à tout ce que je voi.
Je viens, j'arrive enfin, sans qu'il m'ait prévenue.
Je n'ai percé, qu'à peine, une foule inconnue.
Lui seul ne paraît point. Le triste Agamemnon
Semble craindre à mes yeux, de prononcer son nom.
Que fait-il ? qui pourra m'expliquer ce mystère ?

Trouverai-je l'amant glacé comme le père ?
Et les soins de la guerre auraient-ils en un jour,
Eteint, dans tous les cœurs, la tendresse et l'amour ?
Mais non : c'est l'offenser par d'injustes alarmes.
C'est à moi que l'on doit le secours de ses armes.
Il n'était point à Sparte, entre tous ces amans,
Dont le père d'Hélène a reçu les sermens :
Lui seul, de tous les Grecs, maître de sa parole,
S'il part contre Ilion, c'est pour moi qu'il y vole.
Et satisfait d'un prix qui lui semble si doux,
Il veut même y porter le nom de mon époux.

SCENE IV.

CLITEMNESTRE, IPHIGENIE, ERIPHILE, DORIS.

CLITEMNESTRE.

Ma fille, il faut partir, sans que rien nous retienne,
Et sauver en fuyant, votre gloire et la mienne.
Je ne m'étonne plus, qu'interdit et distrait,
Votre père ait paru nous revoir à regret.
Aux affronts d'un refus, craignant de vous commettre,
Il m'avait, par Arcas, envoyé cette lettre.
Arcas s'est vu trompé par notre égarement,
Et vient de me la rendre en ce même moment.
Sauvons, encore un coup, notre gloire offensée.
Pour votre hymen, Achille a changé de pensée,
Et refusant l'honneur qu'on lui veut accorder,
Jusques à son retour il veut le retarder.

IPHIGENIE.

Qu'entends-je ?

CLITEMNESTRE.

Je vous vois rougir de cet outrage,
Il faut, d'un noble orgueil, armer votre courage.
Moi-même, de l'ingrat, approuvant le dessein,
Je vous l'ai, dans Argos, présenté de ma main ;
Et mon choix, que flattait le bruit de sa noblesse,
Vous donnait, avec joie, au fils d'une déesse.
Mais puisque désormais son lâche repentir
Dément le sang des dieux, dont on le fait sortir :
Ma fille, c'est à nous de montrer qui nous sommes,
Et de ne voir en lui que le dernier des hommes.
Lui ferons-nous penser, par un plus long sejour,
Que vos vœux, de son cœur, attendent le retour ?
Rompons, avec plaisir, un hymen qu'il diffère.
J'ai fait, de mon dessein, avertir votre père.
Je ne l'attends ici que pour m'en séparer,
Et pour ce prompt départ je fais tout préparer. (*à Eriphile.*)
Je ne vous presse point, madame, de nous suivre.
En de plus chères mains ma retraite vous livre.
De vos desseins secrets, on est trop éclairci,
Et ce n'est pas Calchas, que vous cherchez ici.

SCENE V.

IPHIGENIE, ERIPHILE, DORIS.

IPHIGENIE.

En quel funeste état ces mots m'ont-ils laissée !
Pour mon hymen, Achille a changé de pensée !
Il me faut, sans honneur, retourner sur mes pas!
Et vous cherchez, ici, quelqu'autre que Calchas.

ERIPHILE.

Madame, à ce discours, je ne puis rien comprendre.

IPHIGENIE.

Vous m'entendez assez, si vous voulez m'entendre.
Le sort injurieux me ravit un époux;
Madame, à mon malheur m'abandonnerez-vous ?
Vous ne pouvez, sans moi, demeurer à Mycène :
Me verra-t-on, sans vous, partir avec la reine ?

ERIPHILE.

Je voulais voir Calchas, avant que de partir.

IPHIGENIE.

Que tardez-vous, madame, à le faire avertir ?

ERIPHILE

D'Argos, dans un moment, vous reprenez la route.

IPHIGENIE.

Un moment, quelquefois, éclaircit plus d'un doute :
Mais, madame, je vois que c'est trop vous presser.
Je vois ce que jamais je n'ai voulu penser.
Achille... Vous brûlez que je ne sois partie.

ERIPHILE.

Moi? vous me soupçonnez de cette perfidie ?
Moi, j'aimerais, madame, un vainqueur furieux,
Qui toujours tout sanglant se présente à mes yeux;
Qui, la flamme à la main, et de meurtres avide,
Mit en cendre Lesbos...

IPHIGENIE.

Oui, vous l'aimez, perfide.
Et ces mêmes fureurs que vous me dépeignez,
Ses bras, que dans le sang vous avez vus baignés,
Ces morts, cette Lesbos, ces cendres, cette flamme,
Sont les traits dont l'amour l'a gravé dans votre âme;
Et loin d'en détester le cruel souvenir,
Vous vous plaisez encore à m'en entretenir.
Déjà plus d'une fois dans vos plaintes forcées,
J'ai dû voir, et j'ai vu le fond de vos pensées.
Mais toujours sur mes yeux ma facile bonté
A remis le bandeau que j'avais écarté.
Vous l'aimez. Que faisais-je ? et quelle erreur fatale
M'a fait, entre mes bras recevoir ma rivale :
Crédule, je l'aimais. Mon cœur, même aujourd'hui,
De son parjure amant lui promettait l'appui.

Voilà donc le triomphe où j'etais amenée.
Moi-même, à votre char, je me suis enchaînée.
Je vous pardonne, hélas! des vœux intéressés,
Et la perte d'un cœur que vous me ravissez.
Mais que, sans m'avertir du piège qu'on me dresse,
Vous me laissiez chercher jusqu'au fond de la Grèce,
L'ingrat qui ne m'attend que pour m'abandonner:
Perfide, cet affront se peut-il pardonner ?

ERIPHILE.

Vous me donnez des noms qui doivent me surprendre,
Madame, on ne m'a pas instruite à les entendre,
Et les dieux, contre moi, dès long-temps indignés,
A mon oreille encore les avaient épargnés.
Mais il faut, des amans, excuser l'injustice:
Et de quoi vouliez-vous que je vous avertisse ?
Avez-vous pu penser qu'au sang d'Agamemnon,
Achille préférât une fille sans nom,
Qui de tout son destin ce qu'elle a pu comprendre,
C'est qu'elle sort d'un sang qu'il brûle de répandre !

IPHIGENIE.

Vous triomphez, cruelle, et bravez ma douleur :
Je n'avais pas encor senti tout mon malheur ;
Et vous ne comparez votre exil et ma gloire,
Que pour mieux relever votre injuste victoire ;
Toutefois, vos transports sont trop précipités.
Ce même Agamemnon, à qui vous insultez,
Il commande à la Grèce, il est mon père, il m'aime ;
Il ressent mes douleurs beaucoup plus que moi-même.
Mes larmes par avance avaient su le toucher.
J'ai surpris ses soupirs, qu'il me voulait cacher.
Hélas! de son accueil, condamnant la tristesse
J'osais me plaindre à lui de son peu de tendresse.

SCENE VI.

ACHILLE, IPHIGÈNIE, ERIPHILE, DORIS.

ACHILLE.

Il est donc vrai, madame, et c'est vous que je vois.
Je soupçonnais d'erreur tout le camp à la fois.
Vous, en Aulide? Vous? Et qu'y venez-vous faire?
D'où vient qu'Agamemnon m'assurait le contraire?

IPHIGENIE.

Seigneur, rassurez-vous. Vos vœux seront contens,
Iphigénie encor n'y sera pas long-temps.

SCÈNE VII.

ACHILLE, ERIPHILE, DORIS.

ACHILLE.

Elle me fuit! Veillai-je, ou n'est-ce point un songe ?

Dans quel trouble nouveau, cette fuite me plonge!
Madame, je ne sais si, sans vous irriter,
Achille, devant vous, pourra se présenter,
Mais, si d'un ennemi, vous souffrez la prière,
Si lui-même souvent a plaint sa prisonnière;
Vous savez quel sujet conduit ici leurs pas;
Vous savez...

ERIPHILE.

Quoi? seigneur, ne le savez-vous pas?
Vous qui, depuis un mois, brûlant sur ce rivage,
Avez conclu vous-même et hâté leur voyage?

ACHILLE.

De ce même rivage, absent depuis un mois,
Je le revis hier, pour la première fois.

ERIPHILE.

Quoi! lorsqu'Agamemnon écrivait à Mycène,
Votre amour, votre main n'a pas conduit la sienne?
Quoi! vous, qui de sa fille adoriez les attraits....

ACHILLE.

Vous m'en voyez encore épris plus que jamais,
Madame. Et si l'effet eût suivi ma pensée,
Moi-même, dans Argos, je l'aurais devancée.
Cependant, on me fuit. Quel crime ai-je commis?
Mais je ne vois par-tout que des yeux ennemis.
Que dis je? En ce moment, Calchas, Nestor, Ulysse,
De leur vaine éloquence, employant l'artifice,
Combattaient mon amour, et semblaient m'annoncer,
Que si j'en crois ma gloire, il y faut renoncer.
Quelle entreprise ici pourrait être formée?
Suis-je, sans le savoir, la fable de l'armée?
Entrons. C'est un secret qu'il leur faut arracher.

SCÈNE VIII.

ERIPHILE, DORIS.

ERIPHILE.

Dieux! qui voyez ma honte, où me dois-je cacher?
Orgueilleuse rivale, on t'aime, et tu murmures;
Souffrirai-je, à-la-fois, ta gloire et tes injures,
Ah! plutôt... Mais, Doris, où j'aime à me flatter,
Ou sur eux quelque orage est tout prêt d'éclater.
J'ai des yeux; leur bonheur n'est pas encor tranquille.
On trompe Iphigénie. On se cache d'Achille.
Agamemnon gémit: ne désespérons point;
Et si le sort contre elle à ma haine se joint,
Je saurai profiter de cette intelligence,
Pour ne pas pleurer seule, et mourir sans vengeance.

Fin du second Acte.

ACTE III.

SCÈNE PREMIÈRE.

AGAMEMNON, CLITEMNESTRE.

CLITEMNESTRE.

Oui, seigneur, nous partions, et mon juste courroux
Laissait bientôt Achille et le camp loin de nous.
Ma fille, dans Argos, courait pleurer sa honte.
Mais lui-même, étonné d'une fuite si prompte,
Par combien de sermens, dont je n'ai pu douter,
Vient-il de me convaincre, et de nous arrêter?
Il presse cet hymen, qu'on prétend qu'il diffère,
Et vous cherche brûlant d'amour et de colère;
Prêt d'imposer silence à ce bruit imposteur,
Achille en veut connaître et confondre l'auteur.
Bannissez ces soupçons, qui troublaient notre joie.

AGAMEMNON.

Madame, c'est assez. Je consens qu'on le croie.
Je reconnais l'erreur qui nous avait seduits,
Et ressens votre joie autant que je le puis.
Vous voulez que Calchas l'unisse à ma famille,
Vous pouvez, à l'autel envoyer votre fille.
Je l'attends. Mais avant que de passer plus loin,
J'ai voulu vous parler un moment sans témoin.
Vous voyez en quels lieux vous l'avez amenée,
Tout y ressent la guerre, et non point l'hyménée.
Le tumulte d'un camp, soldats et matelots,
Un autel hérisé de dards, de javelots,
Tout ce spectacle, enfin, pompe digne d'Achille,
Pour attirer vos yeux, n'est point assez tranquille;
Et les Grecs y verraient l'épouse de leur roi
Dans un état indigne et de vous et de moi...
M'en croirez-vous? Laissez, de vos femmes suivie,
A cet hymen, sans vous, marcher Iphigénie.

CLITEMNESTRE.

Qui, moi? Que, remettant ma fille en d'autres bras,
Ce que j'ai commencé, je ne l'achève pas?
Qu'après l'avoir, d'Argos, amenée en Aulide,
Je refuse, à l'autel, de lui servir de guide.
Dois-je donc, de Calchas, être moins près que vous?
Et qui présentera ma fille à son époux?
Quelle autre ordonnera cette pompe sacrée?

AGAMEMNON.

Vous n'êtes point ici dans le palais d'Atrée.
Vous êtes dans un camp...

CLITEMNESTRE.

Où tout vous est soumis,
Où le sort de l'Asie en vos mains est remis;

Où je vois sous vos lois marcher la Grèce entière ;
Où le fils de Thétis va m'appeler sa mère.
Dans quel palais superbe, et plein de ma grandeur,
Puis-je jamais paraître avec plus de splendeur ?

AGAMEMNON.

Madame, au nom des dieux, auteur de notre race,
Daignez, à mon amour, accorder cette grâce.
J'ai mes raisons.

CLITEMNESTRE.

Seigneur, au nom des mêmes dieux,
D'un spectacle si doux ne privez point mes yeux,
Daignez ne point ici rougir de ma présence.

AGAMEMNON.

J'avais plus espéré de votre complaisance.
Mais puisque la raison ne vous peut émouvoir ;
Puisqu'enfin ma prière a si peu de pouvoir ;
Vous avez entendu ce que je vous demande,
Madame, je le veux, et je vous le commande.
Obéissez.

SCÈNE II.

CLITEMNESTRE, *seule.*

D'où vient que d'un soin si cruel,
L'injuste Agamemnon m'écarte de l'autel ?
Fier de son nouveau rang, m'ose-t-il méconnaître ?
Me croit-il, à sa suite indigne de paraître ?
Ou de l'empire, encor timide possesseur,
N'oserait-il d'Hélène ici montrer la sœur ?
Et pourquoi me cacher, et par quelle injustice,
Faut-il que sur mon front sa honte rejaillisse ?
Mais n'importe, il le veut et mon cœur s'y résout.
Ma fille, ton bonheur me console de tout ;
Le ciel te donne Achille, et ma joie est extrême,
De t'entendre nommer.... mais le voici lui-même.

SCÈNE III.

ACHILLE, CLITEMNESTRE.

ACHILLE.

Tout succède, madame, à mon empressement.
Le roi n'a point voulu d'autre éclaircissement.
Il en croit mes transports, et sans presque m'entendre,
Il vient en m'embrassant de m'accepter pour gendre.
Il ne m'a dit qu'un mot. Mais vous a-t-il conté,
Quel bonheur, dans le camp, vous avez apporté ?
Les dieux vont s'appaiser. Du moins, Calchas publie,
Qu'avec eux, dans une heure, il nous réconcilie ;
Que Neptune et les vents, prêts à nous exaucer,

N'attendent que le sang que sa main va verser.
Déjà, dans les vaisseaux, la voile se déploie.
Déjà sur sa parole, ils se tournent vers Troye;
Pour moi, quoique le ciel, au gré de mon amour
Dût encore des vents retarder le retour,
Que je quitte à regret la rive fortunée,
Où je vais allumer les flambeaux d'hyménée.
Puis-je ne point chérir l'heureuse occasion
D'aller du sang Troyen sceller notre union;
Et de laisser bientôt, sous Troye ensevelie,
Le déshonneur d'un nom à qui le mien s'allie.

SCENE IV.

Les précédens, IPHIGENIE, ERIPHILE, DORIS, ÆGIN

ACHILLE.

Princesse, mon bonheur ne dépend que de vous.
Votre père, à l'autel, vous destine un époux.
Venez y recevoir un cœur qui vous adore.

IPHIGÉNIE.

Seigneur, il n'est pas temps que nous partions encore.
La reine permettra que j'ose demander,
Un gage à votre amour, qu'il me doit accorder;
Je viens vous présenter une jeune princesse.
Le ciel a sur front imprimé sa noblesse.
De larmes, tous les jours, ses yeux sont arrosés.
Vous savez ses malheurs, vous les avez causés.
Moi-même (où m'emportait une aveugle colère),
J'ai tantôt sans respect affligé sa misère.
Que ne puis-je aussi bien, par d'utiles secours,
Réparer promptement mes injustes discours ?
Je lui prête ma voix, je ne puis davantage;
Vous seul pouvez, seigneur, détruire votre ouvrage.
Elle est votre captive, et ses fers que je plains,
Quand vous l'ordonnerez, tomberont de ses mains.
Commencez donc par-là cette heureuse journée.
Qu'elle puisse, à nous voir, n'être plus condamnée.
Montrez que je vais suivre, au pied de nos autels,
Un roi qui, non content d'effrayer les mortels,
A des embrâsemens ne borne point sa gloire,
Laisse aux pleurs d'une épouse attendrir sa victoire,
Et par les malheureux, quelquefois désarmé,
Sait imiter en tout les dieux qui l'ont formé.

ERIPHILE.

Oui, Seigneur, des douleurs soulagez la plus vive.
La guerre, dans Lesbos, me fit votre captive;
Mais c'est pousser trop loin ses droits injurieux,
Qu'y joindre le tourment que je souffre en ces lieux.

ACHILLE.

Vous, madame ?

ERIPHILE.

Oui, Seigneur, et sans compter le reste,
Pouvez-vous m'imposer une loi plus funeste,
Que de rendre mes yeux les tristes spectateurs
De la félicité de mes persécuteurs!
J'entends, de toutes parts, menacer ma patrie.
Je vois marcher contre elle une armée en furie.
Je vois déjà l'hymen, pour mieux me déchirer,
Mettre en vos mains le feu qui doit la dévorer.
Souffrez que loin du camp, et loin de votre vue,
Toujours infortunée, et toujours inconnue,
J'aille cacher un sort si digne de pitié.
Et dont mes pleurs encor vous taisent la moitié.

ACHILLE.

C'est trop, belle princesse. Il ne faut que nous suivre :
Venez, qu'aux yeux des Grecs, Achille vous délivre;
Et que le doux moment de ma félicité,
Soit le moment heureux de votre liberté.

SCÈNE V.

LES PRÉCÉDENS, ARCAS.

ARCAS.

Madame, tout est prêt pour la cérémonie:
Le roi près de l'autel, attend Iphigénie.
Je viens la demander. Ou plutôt contre lui,
Seigneur, je viens pour elle implorer votre appui.

ACHILLE.

Arcas, que dites-vous ?

CLITEMNESTRE.

Dieux! que vient-il m'apprendre ?

ARCAS, *à Achille.*

Je ne vois plus que vous qui puissiez la défendre.

ACHILLE.

Contre qui ?

ARCAS.

Je le nomme et l'accuse à regret.
Autant que je l'ai pu, j'ai gardé le secret.
Mais le fer, le bandeau, la flamme est toute prête.
Dût tout cet appareil retomber sur ma tête,
Il faut parler.

CLITEMNESTRE.

Je tremble. Expliquez-vous, Arcas.

ACHILLE.

Qui que ce soit, parlez; et ne le craignez pas.

ARCAS.

Vous êtes son amant, et vous êtes sa mère;
Gardez-vous d'envoyer la princesse à son père.

CLITEMNESTRE.

Pourquoi le craindrons-nous ?

ACHILLE.

Pourquoi m'en défier ?

ARCAS.

Il l'attend à l'autel, pour la sacrifier.

ACHILLE.

Lui !

CLITEMNESTRE.

Sa fille !

IPHIGENIE.

Mon père !

ERIPHILE.

O ciel ! quelle nouvelle !

ACHILLE.

Quelle aveugle fureur pourrait l'armer contre elle ?
Ce discours, sans horreur, se peut-il écouter ?

ARCAS.

Ah ! Seigneur, plût au ciel que je pusse en douter !
Par la voix de Calchas, l'oracle la demande.
De toute autre victime, il refuse l'offrande ;
Et les dieux jusques-là, protecteurs de Pâris,
Ne nous promettent Troye et les vents qu'à ce prix.

CLITEMNESTRE.

Les Dieux ordonneraient un meurtre abominable ?

IPHIGÉNIE.

Ciel ! pour tant de rigueur de quoi suis je coupable ?

CLITEMNESTRE.

Je ne m'étonne plus de cet ordre cruel,
Qui m'avait interdit l'approche de l'autel.

IPHIGÉNIE, *à Achille.*

Et voilà donc l'hymen où j'étais destinée !

ARCAS.

Le roi, pour vous tromper, feignait cet hyménée,
Tout le camp même encor est trompé comme vous.

CLITEMNESTRE.

Seigneur, c'est donc à moi d'embrasser vos genoux.

ACHILLE, *la relevant.*

Ah ! madame.

CLITEMNESTRE.

Oubliez une gloire importune.
Ce triste abaissement convient à ma fortune.
Heureuse, si mes pleurs vous peuvent attendrir,
Une mère, à vos pieds, peut tomber sans rougir.
C'est votre épouse, hélas ! qui vous est enlevée.
Dans cet heureux espoir, je l'avais élevée.
C'est vous que nous cherchions sur ce funeste bord,
Et votre nom, seigneur, la conduit à la mort.
Ira-t-elle, des dieux implorant la justice,
Embrasser leurs autels, parés pour son supplice !
Elle n'a que vous seul. Vous êtes en ces lieux,
Son père, son époux, son asyle, ses dieux.
Je lis dans vos regards la douleur qui vous presse.
Auprès de votre époux, ma fille, je vous laisse.
Seigneur, daignez m'attendre, et ne la point quitter.

A mon perfide époux je cours me présenter.
Il ne soutiendra pas la fureur qui m'anime.
Il faudra que Calchas cherche une autre victime.
Ou, si je ne vous puis dérober à leurs coups,
Ma fille, ils pourront bien m'immoler avant vous.

SCÈNE VI.

ACHILLE, IPHIGENIE.

ACHILLE.

Madame, je me tais, et demeure immobile:
Est-ce à moi que l'on parle, et connaît-on Achille?
Une mère, pour vous, croit devoir me prier;
Une reine, à mes pieds, se vient humilier,
Et me déshonorant, par d'injustes alarmes,
Pour attendrir mon cœur, on a recours aux larmes.
Qui doit prendre, à vos jours, plus d'intérêt que moi?
Ah! sans doute on s'en peut reposer sur ma foi.
L'outrage me regarde. Et quoiqu'on entreprenne,
Je réponds d'une vie, où j'attache la mienne.
Mais ma juste douleur va plus loin m'engager:
C'est peu de vous défendre, et je cours vous venger,
Et punir à la fois le cruel stratagème
Qui s'ose, de mon nom, armer contre vous-même.

IPHIGENIE.

Ah! demeurez, seigneur, et daignez m'écouter.

ACHILLE.

Quoi, madame, un barbare osera m'insulter?
Il voit que, de sa sœur, je cours venger l'outrage,
Il sait que le premier, lui donnant mon suffrage,
Je le fis nommer chef de vingt rois ses rivaux;
Et pour fruit de mes soins, pour fruit de mes travaux,
Pour tout le prix, enfin, d'une illustre victoire,
Qui le doit enrichir, venger, combler de gloire,
Content et glorieux du nom de votre époux,
Je ne lui demandais que l'honneur d'être à vous.
Cependant aujourd'hui, sanguinaire, parjure,
C'est peu de violer l'amitié, la nature;
C'est peu que de vouloir, sous un couteau mortel,
Me montrer votre cœur fumant sur un autel;
D'un appareil d'hymen, couvrant ce sacrifice,
Il veut que ce soit moi qui vous mène au supplice;
Que ma crédule main conduise le couteau;
Qu'au lieu de votre époux, je sois votre bourreau!
Et quel était pour vous ce sanglant hyménée,
Si je fusse arrivé plus tard d'une journée?
Quoi donc! à leur fureur, livrée en ce moment,
Vous iriez à l'autel me chercher vainement;
Et d'un fer imprévu vous tomberiez frappée,
En accusant mon nom qui vous aurait trompée;

Il faut, de ce péril, de cette trahison,
Aux yeux de tous les Grecs, lui demander raison.
A l'honneur d'un époux ; vous-même intéressée,
Madame, vous devez approuver ma pensée,
Il faut que le cruel qui m'a pu mépriser,
Apprenne de quel nom il osait abuser.

IPHIGENIE.

Hélas ! si vous m'aimez : si, pour grâce dernière,
Vous daignez, d'une amante, écouter la prière ;
C'est maintenant, seigneur, qu'il faut me le prouver.
Car enfin, ce cruel que vous allez braver ;
Cet ennemi barbare, injuste, sanguinaire,
Songez, quoiqu'il ait fait, songez qu'il est mon père.

ACHILLE.

Lui, votre père ? Après son horrible dessein,
Je ne le connais plus que pour votre assassin.

IPHIGENIE.

C'est mon père, seigneur, je vous le dis encore ;
Mais un père que j'aime, un père que j'adore !
Qui me chérit lui-même, et dont jusqu'à ce jour,
Je n'ai jamais reçu que des marques d'amour.
Mon cœur, dans ce respect, élevé dès l'enfance,
Ne peut que s'affliger de tout ce qui l'offense ;
Et loin d'oser ici, par un prompt changement,
Approuver la fureur de votre emportement ;
Loin que par mes discours je l'attise moi-même,
Croyez qu'il faut aimer autant que je vous aime,
Pour avoir pu souffrir tous les noms odieux,
Dont votre amour le vient d'outrager à mes yeux.
Et pour quoi voulez-vous, qu'inhumain et barbare,
Il ne gémisse pas du coup qu'on me prépare ?
Quel père, de son sang, se plaît à se priver.
Pourquoi me perdrait-il s'il pouvait me sauver ?
J'ai vu, n'en doutez point, ses larmes se répandre !
Faut-il le condamner avant que de l'entendre !
Hélas ! de tant d'horreurs, son cœur déjà troublé,
Doit-il de votre haine, être encore accablé ?

ACHILLE.

Quoi, madame, parmi tant de sujets de crainte ;
Ce sont-là les frayeurs dont vous êtes atteinte,
Un cruel (comment puis-je autrement l'appeler),
Par la main de Calchas, s'en va vous immoler !
Et lorsqu'à sa fureur j'oppose ma tendresse,
Le soin de son repos est le seul qui vous presse,
On me ferme la bouche. On l'excuse ! On le plaint !
C'est pour lui que l'on tremble, et c'est moi que l'on craint.
Triste effet de mes soins ! Est-ce donc-là, madame,
Tous les progrès qu'Achille avait fait dans votre âme.

IPHIGENIE.

Ah, cruel ! cet amour dont vous voulez douter,
Ai-je attendu si tard, pour le faire éclater ?

Vous voyez de quel œil, et comme indifférente,
J'ai reçu de ma mort, la nouvelle sanglante.
Je n'en ai point pâli. Que n'avez-vous pu voir,
A quel excès tantôt allait mon désespoir ;
Quand, presqu'en arrivant, un récit peu fidelle,
M'a, de votre inconstance, annoncé la nouvelle.
Quel trouble! quel torrent de mots injurieux
Accusait à-la-fois, les hommes et les dieux ;
Ah ! que vous auriez vu, sans que je vous le die,
De combien votre amour m'est plus cher que ma vie !
Qui sait même, qui sait, si le ciel irrité,
A pu souffrir l'excès de ma felicité ?
Hélas ! il me semblait qu'une flamme si belle,
M'élevait au-dessus du sort d'une mortelle.

ACHILLE.

Ah ! si je vous suis cher, ma princesse, vivez.

SCÈNE VII.

CLITEMNESTRE, IPHIGENIE, ACHILLE, ÆGINE.

CLITEMNESTRE.

Tout est perdu, seigneur, si vous ne nous sauvez.
Agamemnon m'évite, et craignant mon visage,
Il me fait, de l'autel, refuser le passage.
Des gardes, que lui-même a pris soin de placer,
Nous ont, de toutes parts, défendu de passer.
Il me fuit ; ma douleur étonne son audace.

ACHILLE.

Hé bien ! c'est donc à moi de prendre votre place.
Il me verra, madame ; et je vais lui parler.

IPHIGENIE.

Ah ! madame... Ah, seigneur ! Où voulez-vous aller ?

ACHILLE.

Et que prétend de moi votre injuste prière ?
Vous faudra-t-il toujours combattre la première ?

CLITEMNESTRE.

Quelle est votre dessein, ma fille ?

IPHIGÉNIE.

Au nom des dieux
Madame, retenez un amant furieux.
De ce triste entretien, détournons les approches.
Seigneur, trop d'amertume aigrirait vos reproches.
Je sais jusqu'où s'emporte un amant irrité ;
Et mon père est jaloux de son autorité.
On ne connaît que trop la fierté des Atrides.
Laissez parler, seigneur, des bouches plus timides.
Surpris, n'en doutez point, de mon retardement,
Lui-même il me viendra chercher dans un moment,
Il entendra gémir une mère oppressée.
Et que ne pourra point m'inspirer la pensée

De prévenir les pleurs que vous verseriez tous,
D'arrêter vos transports et de vivre pour vous ?

ACHILLE.

Enfin, vous le voulez. Il faut donc vous complaire.
Donnez-lui, l'un et l'autre, un conseil salutaire.
Rappelez sa raison, persuadez-le bien,
Pour vous, pour mon repos et sur-tout pour le sien.
Je perds trop de momens en des discours frivoles.
Il faut des actions, et non pas des paroles.

(*à Clitemnestre.*)

Madame, à vous servir je vais tout disposer.
Dans votre appartement, allez vous reposer.
Votre fille vivra, je puis vous le prédire.
Croyez, du moins, croyez que, tant que je respire,
Les dieux auront en vain ordonné son trépas ;
Cet oracle est plus sûr que celui de Calchas.

Fin du troisième Acte.

ACTE IV.

SCENE PREMIERE.

ERIPHILE, DORIS.

DORIS.

Ah ! que me dites-vous ? Quelle étrange manie
Vous peut faire envier le sort d'Iphigénie ?
Dans une heure elle expire ; et jamais, dites-vous,
Vos yeux, de son bonheur, ne furent plus jaloux.
Qui le croira, madame ? et quel cœur si farouche....

ERIPHILE.

Jamais rien de plus vrai n'est sorti de ma bouche :
Jamais, de tant de soins, mon esprit agité,
Ne porta plus d'envie à sa félicité.
Favorables périls ! espérance inutile !
N'as-tu pas vu sa gloire, et le trouble d'Achille ?
J'en ai vu, j'en ai fui les signes trop certains.
Ce héros si terrible au reste des humains,
Qui ne connaît de pleurs que ceux qu'il fait répandre ;
Qui s'endurcit contre eux, dès l'âge le plus tendre,
Et qui, si l'on nous fait un fidèle discours,
Suça même le sang des lions et des ours,
Pour elle de la crainte a fait l'apprentissage.
Elle l'a vu pleurer et changer de visage.
Et tu la plains, Doris ? Par combien de malheurs
Ne lui voudrais-je point disputer de tels pleurs ?
Quand je devrais, comme elle, expirer dans une heure....
Mais, que dis-je, expirer ? Ne crois pas qu'elle meure.
Dans un lâche sommeil, crois-tu qu'enseveli,
Achille aura pour elle impunément pâli ?

Achille à son malheur saura bien mettre obstacle.
Tu verras que les dieux n'ont dicté cet oracle,
Que pour croître à-la-fois sa gloire et mon tourment,
Et la rendre plus belle aux yeux de son amant.
Hé quoi ! ne vois-tu pas tout ce qu'on fait pour elle ?
On supprime, des dieux, la sentence mortelle;
Et, quoique le bûcher soit déjà préparé,
Le nom de la victime est encore ignoré.
Tout le camp n'en sait rien. Doris, à ce silence,
Ne reconnais-tu pas un père qui balance ?
Et que fera-t-il donc ? Quel courage endurci,
Soutiendrait les assauts qu'on lui prépare ici.
Une mère en fureur, les larmes d'une fille,
Les cris, le désespoir de toute une famille :
Le sang, à ces objets facile à s'ébranler,
Achille menaçant, tout prêt à l'accabler.
Non, te dis-je, les dieux l'ont en vain condamnée.
Je suis et je serai la seule infortunée.
Ah ! si je men croyais !

DORIS.

Quoi ! que méditez-vous ?

ERIPHILE.

Je ne sais qui m'arrête et retient mon courroux,
Que par un prompt avis de tout ce qui se passe,
Je ne coure des dieux divulguer la menace,
Et publier par-tout les complots criminels,
Qu'on fait ici contre eux et contre leurs autels.

DORIS.

Ah ! quel dessein, madame !

ERIPHILE.

Ah ! Doris, quelle joie !
Que d'encens brûlerait dans les temples de Troye,
Si troublant tous les Grecs et vengeant ma prison,
Je pouvais contre Achille, armer Agamemnon ;
Si leur haine, de Troye oubliant la querelle,
Tournait contre eux le fer qu'ils aiguisent contre elle,
Et si de tout le camp, mes avis dangereux,
Faisaient, à ma patrie, un sacrifice heureux.

DORIS.

J'entends du bruit, on vient ; Clitemnestre s'avance.
Remettez-vous, madame, ou fuyez sa présence.

ERIPHILE.

Rentrons. Et pour troubler un hymen odieux,
Consultons des fureurs qu'autorisent les dieux.

SCÈNE II.

CLITEMNESTRE, ÆGINE.

CLITEMNESTRE.

Ægine, tu le vois, il faut que je la fuie.
Loin que ma fille pleure, et tremble pour sa vie,
Elle excuse son père, et veut que ma douleur

Respecte encor la main qui lui perce le cœur.
O constance! ô respect! pour prix de sa tendresse,
Le barbare, à l'autel, se plaint de sa paresse.
Je l'attends, il viendra m'en demander raison,
Et croit pouvoir encor cacher sa trahison.
Il vient. Sans éclater contre son injustice,
Voyons s'il soutiendra son indigne artifice.

SCÈNE III.

AGAMEMNON, CLITEMNESTRE, ÆGINE.

AGAMEMNON.

Que faites-vous, madame? et d'où vient que ces lieux
N'offrent point, avec vous votre fille à mes yeux?
Mes ordres, par Arcas, vous l'avaient demandée :
Qu'attend-elle? est-ce vous qui l'avez retardée?
A mes justes desirs ne vous rendez-vous pas?
Ne peut-elle, à l'autel, marcher que sur vos pas?
Parlez.

CLITEMNESTRE.

S'il faut partir, ma fille est toute prête;
Mais vous, n'avez-vous rien, seigneur, qui vous arrête?

AGAMEMNON.

Moi, madame?

CLITEMNESTRE.

Vos soins ont-ils tout préparé?

AGAMENON.

Calchas est prêt, madame, et l'autel est paré.
J'ai fait ce que m'ordonne un devoir légitime.

CLITEMNESTRE.

Vous ne me parlez point, seigneur, de la victime.

AGAMEMNON.

Que me voulez-vous dire? et de quel soin jaloux...

SCENE IV.

LES PRÉCÉDENS, IPHIGENIE.

CLITEMNESTRE.

Venez, venez, ma fille, on n'attend plus que vous;
Venez remercier un père qui vous aime,
Et qui veut à l'autel vous conduire lui-même.

AGAMEMNON.

Que vois-je? Quel discours? Ma fille, vous pleurez,
Et baissez devant moi vos yeux mal assurés :
Quel trouble! Mais tout pleure, et la fille et la mère.
Ah! malheureux Arcas! tu m'as trahi.

IPHIGENIE.

Mon père,
Cessez de vous troubler, vous n'êtes point trahi;

Quand vous commanderez vous serez obéi.
Ma vie est votre bien, vous voulez le reprendre;
Vos ordres, sans détour, pouvaient se faire entendre.
D'un œil aussi content, d'un cœur aussi soumis,
Que j'acceptais l'époux que vous m'aviez promis,
Je saurai, s'il le faut, victime obéissante,
Tendre, au fer de Calchas, une tête innocente;
Et respectant le coup par vous-même ordonné,
Vous rendre tout le sang que vous m'avez donné.
Si pourtant ce respect, si cette obéissance,
Paraît digne à vos yeux d'une autre récompense;
Si d'une mère en pleurs, vous plaignez les ennuis,
J'ose vous dire ici, qu'en l'état ou je suis,
Peut-être assez d'honneurs environnaient ma vie,
Pour ne pas souhaiter qu'elle me fût ravie;
Ni qu'en me l'arrachant, un sévère destin,
Si près de ma naissance, en eût marqué la fin.
Fille d'Agamemnon, c'est moi qui la première,
Seigneur, vous appelait de ce doux nom de père;
C'est moi qui, si long-tems le plaisir de vos yeux,
Vous ai fait, de ce nom, remercier les dieux,
Et pour qui tant de fois, prodiguant vos caresses,
Vous n'avez point du sang dédaigné les faiblesses.
Hélas! avec plaisir je me faisais compter,
Tous les noms des pays que vous allez dompter;
Et déjà d'Ilion présageant la conquête,
D'un triomphe si beau je préparais la fête.
Je ne m'attendais pas que, pour le commencer,
Mon sang fût le premier que vous dussiez verser:
Non que la peur du coup, dont je suis menacée,
Me fasse rappeler votre bonté passée.
Ne craignez rien. Mon cœur, de votre honneur jaloux,
Ne fera point rougir un père tel que vous.
Et si je n'avais eu que ma vie à défendre,
J'aurais su renfermer un souvenir si tendre;
Mais, à mon triste sort, vous le savez, seigneur,
Une mère, un amant, attachaient leur bonheur,
Un roi digne de vous, a cru voir la journée,
Qui devait éclairer notre illustre hyménée.
Déjà sûr de mon cœur, à sa flamme promis,
Il s'estimait heureux: vous me l'aviez permis.
Il sait votre dessein, jugez de ses alarmes.
Ma mère est devant vous, et vous voyez ses larmes.
Pardonnez aux efforts que je viens de tenter,
Pour prévenir les pleurs que je leur vais coûter.

AGAMEMNON.

Ma fille, il est trop vrai, j'ignore pour quel crime,
La colère des dieux demande une victime;

Mais ils vous ont nommée. Un oracle cruel,
Veut qu'ici votre sang coule sur un autel.
Pour défendre vos jours de leurs lois meurtrières,
Mon amour n'avait pas attendu vos prières.
Je ne vous dirai point combien j'ai résisté.
Croyez-en cet amour, par vous même attesté.
Cette nuit même encor (on a pu vous le dire),
J'avais révoqué l'ordre où l'on me fit souscrire ;
Sur l'intérêt des Grecs vous l'aviez emporté,
Je vous sacrifiais mon rang, ma sûreté.
Arcas allait du camp vous défendre l'entrée.
Les dieux n'ont pas voulu qu'il vous ait rencontrée ;
Ils ont trompé les soins d'un père infortuné,
Qui protégait en vain ce qu'ils ont condamné.
Ne vous assurez point sur ma faible puissance.
Quel frein pourrait d'un peuple arrêter la licence
Quand les dieux, nous livrant à son zèle indiscret,
L'affranchissent d'un joug qu'il portait à regret?
Ma fille, il faut céder. Votre heure est arrivée.
Songez bien dans quel rang vous êtes élevée.
Je vous donne un conseil qu'à peine je reçoi ;
Du coup qui vous attend, vous mourrez moins que moi.
Montrez, en expirant, de qui vous êtes née.
Faites rougir les dieux, qui vous ont condamnée.
Allez : et que les Grecs qui vous vont immoler,
Reconnaissent mon sang, en le voyant couler.

CLITEMNESTRE.

Vous ne démentez point une race funeste.
Oui, vous êtes le sang d'Atrée et de Thyeste.
Bourreau de votre fille, il ne vous reste enfin,
Que d'en faire à sa mère un horrible festin.
Barbare, c'est donc là cet heureux sacrifice,
Que vos soins préparaient avec tant d'artifice.
Quoi! l'horreur de souscrire à cet ordre inhumain,
N'a pas, en le traçant, arrêté votre main?
Pourquoi feindre à nos yeux une fausse tristesse ;
Pensez-vous par des pleurs prouver votre tendresse ?
Où sont-ils ces combats que vous avez rendus.
Quels flots de sang pour elle avez-vous répandus ?
Quel débris parle ici de votre résistance?
Quel champ couvert de mort me condamne au silence?
Voilà par quels témoins il fallait me prouver,
Cruel, que votre amour a voulu la sauver.
Un oracle fatal ordonne qu'elle expire !
Un oracle dit-il tout ce qu'il semble dire ?
Le ciel, le juste ciel, par le meurtre honoré,
Du sang de l'innocence est-il donc altéré ?
Si du crime d'Hélène l'on punit sa famille :

. aites chercher, a Sparte, Hermione sa fille.
aissez à Ménélas racheter d'un tel prix
Sa coupable moitié, dont il est trop épris.
Mais vous, quelles fureurs vous rendent sa victime?
Pourquoi vous imposer la peine de son crime?
Pourquoi moi-même, enfin, me déchirant le flanc,
Payer sa folle amour du plus pur de mon sang?
Que dis-je! cet objet de tant de jalousie,
Cette Hélène, qui trouble, et l'Europe et l'Asie,
Vous semble-t-elle un prix digne de vos exploits?
Combien nos fronts pour elle ont-ils rougis de fois?
Avant qu'un nœud fatal l'unît à votre frère,
Thésée avait oser l'enlever à son père.
Vous savez, et Calchas mille fois vous l'a dit,
Qu'un hymen clandestin mit ce prince en son lit;
Et qu'il en eut pour gage une jeune princesse,
Que sa mère a cachée au reste de la Grèce.
Mais non, l'amour d'un frère, et son honneur blessé,
Sont les moindres des soins dont vous êtes pressé.
Cette soif de régner, que rien ne peut éteindre,
L'orgueil de voir vingt rois, vous servir et vous craindre;
Tous les droits de l'empire, en vos mains confiés,
Cruel, c'est à ces dieux que vous les sacrifiez;
Et loin de repousser le coup qu'on vous prépare,
Vous voulez vous en faire un mérite barbare;
Trop jaloux d'un pouvoir qu'on peut vous envier,
De votre propre sang, vous courez le payer,
Et voulez, par ce prix épouvanter l'audace
De quiconque vous peut disputer votre place.
Est-ce donc être père? Ah! toute ma raison
Cède à la cruauté de cette trahison.
Un prêtre, environné d'une foule cruelle,
Portera sur ma fille une main criminelle!
Déchirera son sein! Et d'un œil curieux,
Dans son cœur palpitant, consultera les dieux!
Et moi, qui l'amenait triomphante, adorée,
Je m'en retournerai seule et désespérée!
Je verrai les chemins encor tout parfumés
Des fleurs dont sous ses pas on les avait semés,
Non, je ne l'aurai point amenée au supplice,
Ou vous ferez aux Grecs un double sacrifice.
Ni crainte, ni respect ne m'en peut détacher.
De mes bras, tout sanglans, il faudra l'arracher.
Aussi barbare époux qu'impitoyable père,
Venez, si vous l'osez, la ravir à sa mère:
Et vous, rentrez ma fille, et du moins à mes lois
Obéissez encor pour la dernière fois.

SCÈNE V.

AGAMEMNON, *seul.*

À de moindres fureurs je n'ai pas dû m'attendre.
Voilà, voilà les cris que je craignais d'entendre.
Heureux si dans le trouble où flottent mes esprits,
Je n'avais toutefois à craindre que ses cris?
Hélas! en m'imposant une loi si sévère;
Grands dieux, me deviez-vous laisser un cœur de père?

SCENE VI.

AGAMEMNON, ACHILLE.

ACHILLE.

Un bruit assez étrange est venu jusqu'à moi,
Seigneur, je l'ai jugé trop peu digne de foi.
On dit, et sans horreur je ne puis le redire,
Qu'aujourd'hui, par votre ordre, Iphigénie expire.
Que vous-même étouffant tout sentiment humain,
Vous l'allez à Calchas, livrer de votre main.
On dit que sous mon nom, à l'autel appelée,
Je ne l'y conduisais que pour être immolée;
Et que d'un faux hymen, nous abusant tous deux,
Vous vouliez me charger d'un emploi si honteux.
Qu'en dites vous, seigneur? Que faut-il que j'en pense?
Ne ferez-vous pas taire un bruit qui vous offense?

AGAMEMNON.

Seigneur, je ne rends point compte de mes desseins:
Ma fille ignore encor mes ordres souverains;
Et quand il sera temps qu'elle en soit informée,
Vous apprendrez son sort, j'en instruirai l'armée.

ACHILLE.

Ah! je sais trop le sort que vous lui réservez.

AGAMEMNON.

Pourquoi le demander puisque vous le savez?

ACHILLE.

Pourquoi je le demande? O ciel! le puis-je croire,
Qu'on ose des fureurs avouer la plus noire?
Croyez-vous qu'approuvant vos desseins odieux,
Je vous laisse immoler votre fille à mes yeux?
Que ma foi, mon amour, mon honneur y consente?

AGAMEMNON.

Mais vous, qui me parlez d'une voix menaçante,
Oubliez-vous ici, qui vous interrogez?

ACHILLE.

Oubliez-vous qui j'aime, et qui vous outragez?

AGAMEMNON.

Et qui vous a chargé du soin de ma famille ?
Ne pourrai-je, sans vous, disposer de ma fille ?
Ne suis-je plus son père ? êtes-vous son époux ?
Et ne peut-elle...

ACHILLE.

Non ; elle n'est plus à vous.
On ne m'abuse point par des promesses vaines.
Tant qu'un reste de sang coulera dans mes veines,
Vous deviez à mon sort unir tous ses momens ;
Je défendrai mes droits, fondés sur vos sermens ;
Et n'est-ce pas pour moi que vous l'avez mandée?

AGAMEMNON.

Plaignez-vous donc aux dieux qui me l'ont demandée.
Acccusez et Calchas, et le camp tout entier,
Ulysse, Ménélas et vous tout le premier.

ACHILLE.

Moi!

AGAMEMNON.

Vous, qui de l'Asie embrassant la conquête,
Querelez tous les jours le ciel qui vous arrête ;
Vous qui, vous offensant de mes justes terreurs,
Avez dans tout le camp répandu vos fureurs.
Mon cœur pour la sauver vous offrait une voie.
Mais vous ne demandez, vous ne cherchez que Troye.
Je vous fermais le camp, où vous voulez courir.
Vous le voulez, partez, sa mort va vous l'ouvrir.

ACHILLE.

Juste ciel! Puis-je entendre et souffrir ce langage!
Est-ce ainsi qu'au parjure on ajoute l'outrage ?
Moi, je voulais partir aux dépens de ses jours ?
Et que m'a fait à moi cette Troye où je cours ?
Au pied de ses remparts quel intérêt m'appelle ?
Pour qui, sourd à la voix d'une mère immortelle,
Et d'un père éperdu négligeant les avis,
Vais-je y chercher la mort, tant prédite à leur fils ?
Jamais vaisseaux, partis des rives du Scamandre.
Aux champs Thessaliens osèrent-ils descendre ?
Et jamais dans Larisse un lâche ravisseur,
Me vînt-il enlever ou ma femme, ou ma sœur?
Qu'ai-je à me plaindre ? Où sont les pertes que j'ai faites ?
Je n'y vais que pour vous, barbare que vous êtes ;
Pour vous, à qui des Grecs moi seul je ne dois rien.
Vous, que j'ai fait nommer et leur chef et le mien.
Vous que mon bras vengeait dans Lesbos enflammée,
Avant que vous eussiez assemblé votre armée.
Et quel fut le dessein qui nous assembla tous ?
Ne courons-nous pas rendre Hélène à son époux ?

Depuis quand pense-t-on, qu'inutile à moi-même,
Je me laisse ravir une épouse que j'aime.
Seul, d'un honteux affront, votre frère blessé
A-t-il droit de venger son amour offensé ?
Votre fille me plut, je prétendis lui plaire.
Elle est de mes sermens, seule dépositaire.
Content de son hymen, vaisseaux, armes, soldats,
Ma foi lui promit tout, et rien à Ménélas;
Qu'il poursuive s'il veut son épouse enlevée.
Qu'il cherche une victoire à mon sang réservée.
Je ne connais Priam, Hélène, ni Pâris.
Je voulais votre fille, et ne pars qu'à ce prix

AGAMEMNON.

Fuyez donc: Retournez dans votre Thessalie.
Moi-même je vous rends le serment qui vous
Assez d'autres viendront à mes ordres soumis,
Se couvrir des lauriers qui vous furent promis;
Et par d'heureux exploits forçant la destinée,
Trouveront d'Ilion la fatale journée.
J'entrevois vos mépris, et juge à vos discours,
Combien j'acheterais vos superbes secours.
De la Grèce, déjà, vous vous rendez l'arbitre.
Ses rois, à vous ouïr, m'ont paré d'un vain titre.
Fier de votre valeur, tout, si je vous en crois,
Doit marcher, doit fléchir, doit trembler sous vos lois.
Un bienfait reproché tient toujours lieu d'offense;
Je veux moins de valeur, et plus d'obéissance;
Fuyez. Je ne crains point votre impuissant courroux.
Et je romps tous les nœuds, qui m'attachent à vous.

ACHILLE.

Rendez grâce au seul nœud qui retient ma colère.
D'Iphigénie encor je respecte le père.
Peut-être, sans ce nom, le chef de tant de rois,
M'aurait osé braver pour la dernière fois.
Je ne dis plus qu'un mot; c'est à vous de m'entendre :
J'ai votre fille ensemble et ma gloire à défendre.
Pour aller jusqu'au cœur, que vous voulez percer,
Voilà par quel chemin vos coups doivent passer.

SCÈNE. VII.

AGAMEMNON *seul.*

Et voilà ce qui rend sa perte inévitable.
Ma fille, toute seule, était plus redoutable.
Ton insolent amour, qui croit m'épouvanter,
Vient de hâter le coup que tu veux arrêter.
Ne délibérons plus, bravons sa violence.

Ma gloire intéressée emporte la balance.
Achille menaçant détermine mon cœur;
Ma pitié semblerait un effet de ma peur.
Holà ! gardes, à moi.

SCÈNE VIII.

AGAMEMNON, EURYBATE, Gardes.

EURYBATE.

Seigneur!

AGAMEMNON.

Que vais-je faire ?
Puis-je leur prononcer cet ordre sanguinaire ?
Cruel ! à quel combat faut-il te préparer?
Quel est cet ennemi que tu leur vas livrer ?
Une mère m'attend, une mère intrépide,
Qui défendra son sang contre un père homicide.
Je verrai mes soldats moins barbares que moi,
Respecter, dans ses bras, la fille de leur roi.
Achille nous menace, Achille nous méprise.
Mais ma fille en est-elle à mes lois moins soumise ?
Ma fille, de l'autel cherchant à s'échapper,
Gémit-elle du coup dont je la veux frapper ?
Que dis-je ? que prétend mon sacrilège zèle ?
Quels vœux, en l'immolant, formerai-je sur elle ?
Quelques prix glorieux qui me soient proposés,
Quels lauriers me plairont, de son sang arrosés ?
Je veux fléchir, des dieux, la puissance suprême
Ah ! quels dieux me seraient plus cruels que moi-même ?
Non, je ne puis. Cédons au sang, à l'amitié,
Et ne rougissons plus d'une juste pitié.
Qu'elle vive. Mais quoi ! peu jaloux de ma gloire,
Dois-je, au superbe Achille, accorder la victoire ?
Son téméraire orgueil, que je vais redoubler,
Croira que je lui cède, et qu'il m'a fait trembler.
De quel frivole soin mon esprit s'embarrasse !
Ne puis-je pas d'Achille humilier l'audace ?
Que ma fille, à ses yeux, soit un sujet d'ennui,
Il l'aime ; elle vivra pour un autre que lui.
Eurybate, appelez la princesse, la reine :
Qu'elles ne craignent point.

SC NE IX.

AGAMEMNON, Gardes.

AGAMEMNON.

Grands Dieux ! si votre haine
Persévère à vouloir l'arracher de mes mains,
Que peuvent devant vous tous les faibles humains?

Loin de la secourir mon amitié l'opprime,
Je le sais. Mais, grands dieux, une telle victime
Vaut bien que, confirmant vos rigoureuses lois,
Vous me la demandiez une seconde fois.

SCÈNE X.

AGAMEMNON, CLITEMNESTRE, IPHIGENIE, ERIPHILE, EURYBATE, DORIS, Gardes.

AGAMEMNON.

Allez, madame, allez; prenez soin de sa vie:
Je vous rends votre fille, et je vous la confie.
Loin de ces lieux cruels, précipitez ses pas.
Mes gardes vous suivront, commandés par Arcas.
Je veux bien excuser son heureuse imprudence.
Tout dépend du secret et de la diligence.
Ulysse ni Calchas n'ont point encore parlé.
Gardez que ce départ ne leur soit révélé.
Cachez bien votre fille et que tout le camp croie
Que je la retiens seule, et que je vous renvoie;
Fuyez. Puissent les dieux de mes larmes contens,
A mes tristes regards ne l'offrir de long-temps!
Gardes, suivez la reine.

CLITEMNESTRE.

Ah! Seigneur!

IPHIGÉNIE.

Ah! mon père!

AGAMEMNON.

Prévenez, de Calchas, l'empressement sévère.
Fuyez, vous dis-je. Et moi, pour vous favoriser,
Par de feintes raisons, je m'en vais l'abuser;
Je vais faire suspendre une pompe funeste,
Et de ce jour au moins lui demander le reste.

ERIPHILE.

Suis-moi. Ce n'est pas-là, Doris, notre chemin.

SCENE XI.

ERIPHILE, DORIS.

DORIS.

Vous ne les suivez pas?

ERIPHILE.

Ah! je succombe, enfin,
Je reconnais l'effet des tendresses d'Achille.
Je n'emporterai point une rage inutile.
Plus de raison. Il faut ou la perdre, ou périr.
Viens, te dis-je: à Calchas, je vais tout découvrir.

Fin du quatrième Acte.

ACTE CINQUIÈME.

SCÈNE PREMIÈRE.

IPHIGÉNIE, ÆGINE

IPHIGÉNIE.

Cesse de m'arrêter. Va, retourne à ma mère,
Ægine : il faut des dieux appaiser la colère.
Pour ce sang malheureux qu'on veut leur dérober,
Regarde quel orage est tout prêt à tomber ;
Considère l'état où la reine est réduite ;
Vois comme tout le camp s'oppose à notre fuite,
Avec quelle insolence ils ont, de toutes parts,
Fait briller à nos yeux la pointe de leurs dards,
Nos gardes repoussés, la reine évanouie...
Ah! c'est trop l'exposer : souffre que je la fuie ;
Et, sans attendre ici ses secours impuissans,
Laisse-moi profiter du trouble de ses sens.
Mon père même, hélas! puisqu'il faut te le dire,
Mon père, en me sauvant, ordonne que j'expire.

ÆGINE.

Lui, madame! Quoi donc? qu'est-ce qui s'est passé?

IPHIGÉNIE.

Achille, trop ardent, l'a peut-être offensé :
Mais le roi, qui le hait, veut que je le haïsse :
Il ordonne à mon cœur cet affreux sacrifice.
Il m'a fait par Arcas expliquer ses souhaits ;
Ægine, il me défend de lui parler jamais.

ÆGINE.

Ah, madame!

IPHIGÉNIE.

Ah, sentence! ah, rigueur inouie!
Dieux plus doux vous n'avez demandé que ma vie!
Mourons, obéissons. Mais qu'est-ce que je vois?
Dieux! Achille!

SCENE II.

ACHILLE, IPHIGÉNIE, ÆGINE.

ACHILLE.

Venez, madame, suivez-moi :
Ne craignez ni les cris ni la foule impuissante
D'un peuple qui se presse autour de cette tente.
Paraissez ; et bientôt, sans attendre mes coups,
Ces flots tumultueux s'ouvriront devant vous.
Patrocle, et quelques chefs qui marchent à ma suite,

De mes Thessaliens vous amènent l'élite :
Tout le reste, assemblé près de mon étendard,
Vous offre de ses rangs l'invincible rempart.
A vos persécuteurs opposons cet asile :
Qu'ils viennent vous chercher sous les tentes d'Achille.
Quoi ! madame, est-ce ainsi que vous me secondez ?
Ce n'est que par des pleurs que vous me répondez !
Vous fiez-vous encore à de si faibles armes ?
Hâtons-nous : votre père a déjà vu vos larmes.

IPHIGÉNIE

Je le sais bien, seigneur : aussi tout mon espoir
N'est plus qu'au coup mortel que je vais recevoir.

ACHILLE.

Vous, mourir ! Ah ! cessez de tenir ce langage.
Songez-vous quel serment vous et moi nous engage ?
Songez-vous, pour trancher d'inutiles discours,
Que le bonheur d'Achille est fondé sur vos jours ?

IPHIGÉNIE.

Le ciel n'a point aux jours de cette infortunée
Attaché le bonheur de votre destinée.
Notre amour nous trompait ; et les arrêts du sort
Veulent que ce bonheur soit un fruit de ma mort.
Songez, seigneur, songez à ces moissons de gloire
Qu'à vos vaillantes mains présente la victoire :
Ce champ si glorieux où vous aspirez tous,
Si mon sang ne l'arrose est stérile pour vous.
Telle est la loi des dieux à mon père dictée :
En vain, sourd à Calchas, il l'avait rejetée ;
Par la bouche des Grecs contre moi conjurés
Leurs ordres éternels se sont trop déclarés.
Partez ; à vos honneurs j'apporte trop d'obstacles :
Vous-même, dégagez la foi de vos oracles ;
Signalez ce héros à la Grèce promis ;
Tournez votre douleur contre ses ennemis.
Déjà Priam pâlit, déjà Troie, en alarmes,
Redoute mon bûcher, et frémit de vos larmes.
Allez ; et, dans ses murs vides de citoyens,
Faites pleurer ma mort aux veuves des Troyens !
Je meurs dans cet espoir satisfaite et tranquille.
Si je n'ai pas vécu la compagne d'Achille,
J'espère que du moins un heureux avenir
A vos faits immortels joindra mon souvenir ;
Et qu'un jour mon trépas, source de votre gloire
Ouvrira le récit d'une si belle histoire.
Adieu, prince ; vivez, digne race des dieux.

ACHILLE.

Non, je ne reçois point vos funestes adieux.
En vain, par ces discours, votre cruelle adresse

Veut servir votre père, et tromper ma tendresse;
En vain vous prétendez, obstinée à mourir,
Intéresser ma gloire à vous laisser périr:
Ces moissons de lauriers, ces honneurs, ces conquêtes,
Ma main, en vous servant, les trouve toutes prêtes.
Et qui de ma faveur se voudrait honorer
Si mon hymen prochain ne peut vous assurer?
Ma gloire, mon amour, vous ordonnent de vivre:
Venez, madame; il faut les en croire, et me suivre.

IPHIGÉNIE

Qui? moi? que, contre un père osant me révolter,
Je mérite la mort que j'irais éviter!
Où serait le respect et le devoir suprême....

ACHILLE.

Vous suivrez un époux avoué par lui-même.
C'est un titre qu'en vain il prétend me voler.
Ne fait-il des sermens que pour les violer?
Vous-même, que retient un devoir si sévère,
Quand il vous donne à moi n'est-il point votre père?
Suivez-vous seulement ses ordres absolus
Quand il cesse de l'être et ne vous connaît plus?
Enfin, c'est trop tarder, ma princesse; et ma crainte....

IPHIGÉNIE.

Quoi, seigneur! vous iriez jusques à la contrainte?
D'un coupable transport écoutant la chaleur,
Vous pourriez ajouter ce comble à mon malheur?
Ma gloire vous serait moins chère que ma vie?
Ah seigneur! épargnez la triste Iphigénie.
Asservie à des lois que j'ai dû respecter,
C'est déjà trop pour moi que de vous écouter:
Ne portez pas plus loin votre injuste victoire;
Ou, par mes propres mains immolée à ma gloire,
Je saurais m'affranchir, dans ces extrémités,
Du secours dangereux que vous me présentez.

ACHILLE.

Hé bien, n'en parlons plus. Obéissez, cruelle,
Et cherchez une mort qui vous semble si belle:
Portez à votre père un cœur où j'entrevoi
Moins de respect pour lui que de haine pour moi.
Une juste fureur s'empare de mon âme:
Vous allez à l'autel, et moi, j'y cours, madame.
Si de sang et de morts le ciel est affamé,
Jamais de plus de sang ses autels n'ont fumé.
A mon aveugle amour tout sera légitime:
Le prêtre deviendra la première victime;
Le bûcher par mes mains détruit et renversé,
Dans le sang des bourreaux nagera dispersé;
Et si, dans les horreurs de ce désordre extrême,

Votre père frappé tombe et périt lui-même,
Alors, de vos respects voyant les tristes fruits,
Reconnaissez les coups que vous aurez conduits.

IPHIGÉNIE.

Ah, seigneur! Ah, cruel!... Mais il fuit, il m'échappe.
O toi, qui veux ma mort, me voilà seule, frappe.
Termine, juste ciel, ma vie et mon effroi,
Et lance ici des traits qui n'accablent que moi.

SCÈNE III.

CLITEMNESTRE, IPHIGÉNIE, ÆGINE, EURYBATE, GARDES.

CLITEMNESTRE.

Oui, je la défendrai contre toute l'armée.
Lâches, vous trahissez votre reine opprimée!

EURYBATE.

Non, madame: il suffit que vous me commandiez;
Vous nous verrez combattre, et mourir à vos pieds.
Mais de nos faibles mains que pouvez-vous attendre?
Contre tant d'ennemis qui vous pourra défendre?
Ce n'est plus un vain peuple en désordre assemblé;
C'est d'un zèle fatal tout le camp aveuglé.
Plus de pitié. Calchas seul règne, seul commande:
La piété sévère exige son offrande.
Le roi de son pouvoir se voit déposséder,
Et lui même au torrent nous contraint de céder.
Achille à qui tout cède, Achille à cet orage
Voudrait lui-même en vain opposer son courage:
Que fera-t-il, madame? et qui peut dissiper
Tous les flots d'ennemis prêts à l'envelopper?

CLITEMNESTRE.

Qu'ils viennent donc sur moi prouver leur zèle impie,
Et m'arrachent ce peu qui me reste de vie!
La mort seule, la mort pourra rompre les nœuds
Dont mes bras nous vont joindre et lier toutes deux:
Mon corps sera plutôt séparé de mon âme,
Que je souffre jamais... Ah, ma fille!

IPHIGÉNIE.

Ah, madame!
Sous quel astre cruel avez-vous mis au jour
Le malheureux objet d'un si tendre amour!
Mais que pouvez-vous faire en l'état où nous sommes?
Vous avez à combattre et les dieux et les hommes.
Contre un peuple en fureur vous exposerez-vous?
N'allez point dans un camp, rebelle à votre époux,
Seule à me retenir vainement obstinée,

Par des soldats peut-être indignement traînée,
Présenter, pour tout fruit d'un déplorable effort,
Un spectacle à mes yeux plus cruel que la mort.
Allez; laissez aux Grecs achever leur ouvrage,
Et quittez pour jamais un malheureux rivage;
Du bûcher qui m'attend, trop voisin de ces lieux,
La flamme de trop près viendrait frapper vos yeux.
Surtout, si vous m'aimez, par cet amour de mère,
Ne reprochez jamais mon trépas à mon père.

CLITEMNESTRE.

Lui, par qui votre cœur à Calchas présenté...

IPHIGENIE.

Pour me rendre à vos pleurs que n'a-t-il point tenté?

CLITEMNESTRE.

Par quelle trahison le cruel m'a déçue!

IPHIGENIE.

Il me cédait aux dieux dont il m'avait reçue.
Ma mort n'emporte pas tout le fruit de vos feux:
De l'amour qui vous joint vous avez d'autres nœuds;
Vos yeux me reverront dans Oreste mon frère.
Puisse-t-il être, hélas! moins funeste à sa mère!
D'un peuple impatient vous entendez la voix.
Daignez m'ouvrir vos bras pour la dernière fois,
Madame; et rappelant votre vertu sublime...
Eurybate, à l'autel conduisez la victime.

SCÈNE IV.

CLITEMNESTRE, ÆGINE, GARDES.

CLITEMNESTRE.

Ah! vous n'irez pas seule; et je ne prétends pas...
Mais on se jette en foule au-devant de mes pas.
Perfides, contentez votre soif sanguinaire.

ÆGINE.

Où courez-vous, madame? Et que voulez-vous faire?

CLITEMNESTRE.

Hélas! je me consume en impuissans efforts,
Et rentre au trouble affreux dont à peine je sors.
Mourrai-je tant de fois sans sortir de la vie?

ÆGINE.

Ah! savez-vous le crime, et qui vous a trahie,
Madame? Savez-vous quel serpent inhumain
Iphigénie avait retiré dans son sein?
Ériphile, en ces lieux par vous-même conduite,
A seule à tous les Grecs révélé votre fuite.

CLITEMNESTRE.

O monstre, que Mégère en ses flancs a porté!

Monstre, que dans nos bras les enfers ont jeté!
Quoi! tu ne mourras point! Quoi! pour punir son crime...
Mais où va ma douleur chercher une victime?
Quoi pour noyer les Grecs et leurs mille vaisseaux,
Mer, tu n'ouvriras pas des abîmes nouveaux!
Quoi! lorsque les chassant du port qui les recèle
L'Aulide aura vomi leur flotte criminelle,
Les vents, les mêmes vents si long-tems accusés,
Ne te couvriront pas de ses vaisseaux brisés!
Et toi, soleil, et toi, qui dans cette contrée
Reconnais l'héritier et le vrai fils d'Atrée,
Toi, qui n'osas du père éclairer le festin,
Recule, ils t'ont appris ce funeste chemin!
  Mais, cependant, oh ciel! ô mère infortunée!
De festons odieux ma fille couronnée
Tend la gorge aux couteaux par son père apprêtés.
Calchas va dans son sang... Barbares arrêtez;
C'est le pur sang du dieu qui lance le tonnerre...
J'entends gronder la foudre, et sens trembler la terre;
Un dieu vengeur, un dieu fait retentir ces coups.

SCÈNE V.

CLITEMNESTRE, ARCAS, ÆGINE. GARDES.

ARCAS.

N'en doutez point, madame, un dieu combat pour vous.
Achille en ce moment exauce vos prières;
Il a brisé des Grecs les trop faibles barrières:
Achille est à l'autel. Calchas est éperdu:
Le fatal sacrifice est encor suspendu.
On se menace, on court, l'air gémit, le fer brille.
Achille fait ranger autour de votre fille
Tous ses amis, pour lui prêts à se dévouer.
Le triste Agamemnon, qui n'ose l'avouer,
Pour détourner ses yeux des meurtres qu'il présage,
Ou pour cacher ses pleurs, s'est voilé le visage.
Venez, puisqu'il se tait, venez par vos discours
De votre défenseur appuyer le secours.
Lui-même de sa main, de sang toute fumante,
Il veut entre vos bras remettre son amante;
Lui-même il m'a chargé de conduire vos pas.
Ne craignez rien.

CLITEMNESTRE.

Moi, craindre! Ah! courons, cher Arcas!
Le plus affreux péril n'a rien dont je pâlisse.
J'irai partout.... Mais, dieux! ne vois-je pas Ulysse?

C'est lui. Ma fille est morte ! Arcas, il n'est plus temps !

SCÈNE VI.

ULYSSE, CLITEMNESTRE, ARCAS, ÆGINE.

GARDES.

ULYSSE.

Non, votre fille vit, et les dieux sont contents.
Rassurez-vous : le ciel a voulu vous la rendre.

CLITEMNESTRE.

Elle vit ! et c'est vous qui venez me l'apprendre !

ULYSSE.

Oui, c'est moi, qui long-tems contre elle et contre vous
Ai cru devoir, madame, affermir votre époux ;
Moi qui, jaloux tantôt de l'honneur de nos armes,
Par d'austères conseils ai fait couler vos larmes ;
Et qui viens, puisqu'enfin le ciel est appaisé,
Réparer tout l'ennui que je vous ai causé.

CLITEMNESTRE.

Ma fille ! Ah ! prince ! Oh ciel ! je demeure éperdue.
Quel miracle, seigneur, quel dieu me l'a rendue ?

ULYSSE.

Vous m'en voyez moi-même, dans cet heureux moment,
Saisi d'horreur, de joie et de ravissement.
Jamais jour n'a paru si mortel à la Grèce.
Déjà de tout le camp la discorde maîtresse
Avait sur tous les yeux mis son bandeau fatal,
Et donné du combat le funeste signal.
De ce spectacle affreux votre fille alarmée
Voyait pour elle Achille, et contre elle l'armée :
Mais, quoique seul pour elle, Achille furieux
Épouvantait l'armée et partageait les dieux.
Déjà de traits en l'air s'élevait un nuage :
Déjà coulait le sang prémices du carnage :
Entre les deux partis Calchas s'est avancé,
L'œil farouche, l'air sombre, et le poil hérissé,
Terrible, et plein du dieu qui l'agitait sans doute :
« Vous, Achille, a-t-il dit ; et vous Grecs, qu'on m'écoute.
« Le dieu qui maintenant vous parle par ma voix
« M'explique son oracle, et m'instruit de son choix.
« Un autre sang d'Hélène, une autre Iphigénie
« Sur ce bord immolée y doit laisser sa vie.
« Thésée avec Hélène uni secrètement
« Fit succéder l'hymen a son enlèvement :
« Une fille en sortit, que sa mère a celée ;
« Du nom d'Iphigénie elle fut appelée.

« Je vis moi-même alors ce fruit de leurs amours :
« D'un sinistre avenir je menaçai ses jours.
« Sous un nom emprunté sa noire destinée
« Et ses propres fureurs ici l'ont amenée.
« Elle me voit, m'entend, elle est devant vos yeux ;
« Et c'est elle, en un mot, que demandent les dieux. »
Ainsi parle Calchas. Tout le camp immobile
L'écoute avec frayeur, et regarde Eriphile.
Elle était à l'autel ; et peut-être en son cœur
Du fatal sacrifice accusait la lenteur.
Elle-même tantôt, d'une course subite,
Etait venue aux Grecs annoncer votre fuite.
On admire en secret sa naissance et son sort.
Mais, puisque Troie enfin est le prix de sa mort,
L'armée à haute voix se déclare contre elle,
Et prononce à Calchas sa sentence mortelle.
Déjà pour la saisir Calchas lève le bras.
« Arrête, a-t-elle dit, et ne m'approche pas.
« Le sang de ces héros dont tu me fais descendre
« Sans tes profanes mains saura bien se répandre. »
Furieuse elle vole, et sur l'autel prochain
Prend le sacré couteau, le plonge dans son sein.
A peine son sang coule et fait rougir la terre,
Les dieux font sur l'autel entendre le tonnerre,
Les vents agitent l'air d'heureux frémissemens,
Et la mer leur répond par ses mugissemens ;
La rive au loin gémit, blanchissante d'écume ;
La flamme du bûcher d'elle-même s'allume ;
Le ciel brille d'éclairs, s'entr'ouvre, et parmi nous
Jette une sainte horreur qui nous rassure tous.
Le soldat étonné dit que dans une nue
Jusque sur le bûcher Diane est descendue ;
Et croit que, s'élevant au travers de ses feux,
Elle portait au ciel notre encens et nos vœux.
Tout s'empresse, tout part. La seule Iphigénie
Dans ce commun bonheur pleure son ennemie.
Des mains d'Agamemnon venez la recevoir :
Venez. Achille et lui, brûlant de vous revoir,
Madame, et désormais tous deux d'intelligence,
Sont prêts à confirmer leur auguste alliance.

CLITEMNESTRE.

Par quel prix, quel encens, ô ciel, puis-je jamais
Récompenser Achille, et payer tes bienfaits !

FIN.

Paris de l'Imprimerie d'Abel LANOE, rue de la Harpe n.° 78

www.ingramcontent.com/pod-product-compliance
Ingram Content Group UK Ltd.
Pitfield, Milton Keynes, MK11 3LW, UK
UKHW020451230726
13925UKWH00005B/1861

9 782014 084986